_____ 님

저는 공교육을 통해 성장했고
공교육으로 보답하고자 합니다.

당신께 희망과 꿈을 선사합니다.

저자 류 수 노

미래를 여는 열쇠

교육의 대전환

미래를 여는 열쇠

교육의 대전환

류수노 지음

도서
출판 **한아름**

나는 왜 이 책을 써야만 했는가?

교육의 본질과 새로운 전환의 시대를 말하다.

교육은 우리의 희망입니다. 한 나라의 미래가 교육에 달려 있다고 해도 과언이 아니지요. 어떤 교육을 하느냐에 따라 국가의 경쟁력이 달라지고, 학생 한 사람 한 사람의 삶도 완전히 달라질 수 있습니다. 교육은 단순히 교실 안에서 지식을 전달하는 걸 넘어서, 사회 속에서 스스로 살아갈 수 있는 힘을 기르는 일입니다.

저는 어린 시절 농사를 짓다가 군 복무후 9급과 7급 공무원으로 공직을 시작했습니다. 한국방송통신대학교에서 공부하고 현장에서는 일을 하다가 농촌진흥청의 연구직 공무원 시험에 합격하여 10여 년 근무하며 연구업적을 인정받아 김영삼 대통령으로부터 신한국인상을 수상했습니다. 이어 충남대학교 대학원에서 석사·박사 학위를 받았습니다.

정부에서 국비로 일본 나고야대학교(Nagoya Uni.)와 미국 뉴저지주 주립대학교인 러커스대학(Rutgers Uni.)에 유학 할 수 있는 기회를 주었습니다. 유학은 나에게 학문의 지평을 넓혀주었습니다. 귀국 후 국립대학 교수로 임용되었고, 대학의 학장과 처장을 거쳐 마침내 선출직으로 장관급 국립대 총장선거에서 당선되고, 직무를 수행하며 교육행정의 중심에 섰습니다.

그 긴 여정 속에서 교육이 얼마나 많은 사람의 삶을 바꾸는가를 직접 목격했습니다. 공교육은 나에게 미래를 여는 열쇠였고, 새로운 세계로 나아가는 사다리였습니다. 나는 강고한 학벌주의와 연고주의가 만연한 사회에서 오직 실력 하나만으로 부모찬스나 학벌찬스 없이 오직 기댄 언덕은 교육의 공정성이었습니다. 하지만 오늘날 우리 교육은 위기에 직면해 있습니다.

교육의 힘이 개인을 넘어, 사회 전체를 변화시킬 수 있다는 걸 현장에서 몸소 체험하며 실감했습니다. 세계 각국의 교육제도를 직접 경험하면서, 우리 교육이 어디로 나아가야 할지를 고민하게 되었습니다.

그리고 지금, 대한민국 교육을 돌아보면 솔직히 마음이 무겁습니다. 경쟁 중심의 입시 시스템은 여전히 교육의 본질을 가리고 있고, 공교육은 신뢰를 잃어가고 있습니다. 사교육비는 천정부지로 치솟고 있습니다. 4세고시, 7세고시 등 부모의 경제력이 아이의 기회를 좌우하는 현실은 너무나 씁쓸합니다. 더구나 공교육의 실패로 2024년 고등학교 자퇴율은 2.1%(27,049명)로서 22년만에 최고치로 알려졌습니다.

게다가 시대는 너무 빠르게 바뀌고 있습니다. 디지털 대전환, 인공지능(AI), 기후위기, 인구감소… 사회가 이렇게 빠르게 변하는데, 교육은 과거에 머물러 있는 듯합니다. 표준화된 정답만 찾는 공교육, 창의성과 다양성을 키워주지 못하는 교실, 모두가 답답함을 느끼고 있습니다. 나의 친구 최갑도 교수는 재물이나 지위는 성쇠가 있으나 자신의 머리와 몸에 체득한 교육은 그 누구도 빼앗아 갈 수 없으며, 체득한 인생은 결코 배신하지 않는 든든한 배경이고, 가장 강력한 지원군이라고 말합니다.

나의 후배 이창효 장군은 환경이 여의지 않아 고등학교를 섬성 고시로 마치고 육군3사관학교와 한국방송통신대학교를 거쳐 용인대학교에서 박사학위를 취득하고 마침내 육군중장으로 진급하여 수도군단장과 육군 8군단장을 역임하고 예편하였습니다. 이 장군은 당면한 콤플렉스를 딛고 일어나 자신의 비전을 향해 당당히 나아가는 모습을 인생으로 보여 주었고, 올바른 방향을 정해서 열정적으로 노력하면 결국 미래에는 원하는 자리에 도달해 과거를 긍정하고 웃을 수 있다는 '교육의 희망'을 우리 자녀들에게 증명해 주고 있습니다.

무엇보다도 예전처럼 '개천에서 용 난다'는 말이 통하지 않는 시대가 되었습니다. 교육을 통해 누구든 기회를 잡을 수 있었던 시대는 점점 멀어지고, 지금은 태어난 지역과 가정환경이 아이의 미래를 결정짓는 시대가 되어가고 있습니다.

이런 상황에서 교육은 단지 '제도'가 아니라 '희망'이어야 하고, '공정'이어야 합니다.

그래서 이 책을 꼭 써야겠다고 결심했습니다. 우리 교육의 현실을 냉철하게 들여다보고, 앞으로 어떤 방향으로 바뀌어야 하는지를 함께 고민하고 싶었습니다. 그냥 비판하고 끝나는 것이 아니라, 정확한 정답은 아닐지라도 대안과 새로운 방향도 함께 제시하고 싶었습니다. 우리 교육체계를 만 3세부터 교육 의무화를 단계적으로 도입하고, 초등학교 교육을 5년으로 단축하고, 나아가 중·고등학교 통합 5년제로의 전환으로 중등과 고등교육의 연계성 강화를 제시합니다. 앞으로 계속 보완하고 섬세하게 다듬어야 할 숙제이기도 합니다.

우리가 지향해야 할 교육은 아이들에게는 희망을, 학부모에게는 신뢰를, 교사와 교직원에게는 자긍심을 주는 것입니다. 교육의 질은 교사의 질을 넘어서지 못한다는 말처럼, 이제는 교육의 본질과 방향을 다시 점검하고 새로운 교육의 대전환을 준비해야 합니다.

이 책은 다섯 개의 부로 구성되어 있습니다.

제1부에서는 디지털 대전환 사회의 특징과 교육의 변화를 살펴보며 대한민국 교육이 어디로 가야 하는지를 미래 사회에 대응하는 진로와 방향을 고민했습니다. 특히, 무너진 교육 사다리를 어떻

게 복원하여야 할지를 구체적으로 다루었습니다.

제2부에서는 영·유아 교육부터 초·중등 교육의 정상화 문제를 정리했습니다. 특히, 사교육 문제·유보통합·고교학점제·인성교육과 진로교육·직업교육·경제교육의 실천 방안을 다루었습니다.

학교의 내신은 재수도 못해 학교를 떠나는 우등생들 해결방안은 무엇인가? 고민하면서 현장에서의 해결할 방안을 심도 있게 엮었습니다.

제3부에서는 기술혁신 미래 인재 양성과 대학교육의 혁신 방향의 새로운 모델을 소개하고, AI 시대 대학교육 어떻게 변해야 할까를 심도있게 다루었습니다.

제4부에서는 AI 시대 고령화에 대응하는 평생학습 체계를 소개했습니다. 특히, 서울시가 나아가야 할 평생학습체계를 다루었습니다.

제5부에서는 미래 대한민국의 교육이 향후 나아가야 할 비전과 철학을 정리했습니다. 교육 사다리 복원을 위한 개천의 용과, 중산층을 늘려 진정한 미래 교육의 가치실현을 위한 방안에 대해 살펴보았습니다.

제6부에서는 돌아가신 아버지, 어머니께 올리는 편지를 통해 살아갈 삶을 다짐했습니다.

마지막으로 오늘날 대한민국 교육의 핵심 쟁점과 새로운 방향성에 대한 인터루드(Interlude) 22개를 각 장 별로 소개했습니다. 오늘날 교육의 핵심 쟁점과 새로운 방향성을 제시하고자 했습니다. 교육의 평준화는 결과의 평등이 아니라 기회의 공정을 위한 사회적 약속입니다.

이 책은 교육 현장에서 묵묵히 아이들과 함께하고 계신 선생님들, 학부모님들, 그리고 교육 정책을 설계하는 모든 분들과 함께 나누고 싶은 이야기입니다.

이 책『미래를 여는 열쇠, 교육의 대전환』은 그런 문제의식에서 출발했습니다. 지금 우리가 서 있는 이 자리가 단지 위기의 현장이 아니라, 새로운 전환의 출발점이 되기를 간절히 바랍니다.

이 책이 대한민국 교육의 미래를 설계하는 데 작은 밑거름이 되기를 소망합니다.

지금은, 우리가 나서야 할 때입니다.

미래를 준비하는 교육

희망을 잃지 않는 교육

공정하고 지속 가능한 교육의 길

지금이 바로, 교육의 대전환을 위한 시간입니다.

지금 우리는 교육을 다시 써야 할 기로에 서 있습니다.

미래는 준비된 교육에서 시작됩니다.

나는 국가에서 공교육을 통해 성장시켜 주었습니다. 이제 공교육으로 보답하고자 합니다.

이 책은 간절하고, 그 치열한 사명감의 기록입니다.

이것이 이 책을 쓴 가장 큰 이유입니다.

교육은 내일을 준비하는 오늘의 책임이다

임 태 희

경기도교육감

우리는 지금, 문명사적 대전환의 시대를 살아가고 있습니다. 기술은 하루가 다르게 발전하고, AI로 대표되는 디지털 세상은 교육의 방법과 철학을 근본부터 바꿔나가고 있습니다. 이 같은 변화 앞에서 교육은 더 이상 과거의 지식을 학습하는 것만으로는 부족합니다. 오늘날 교육은 현재의 변화를 바르게 인식하고, 다가올 미래를 준비하는 전략을 세워줄 수 있어야 합니다.

이 책 『미래를 여는 열쇠, 교육의 대전환』은 이러한 시대정신에 부합하는 비전과 방향을 상세히 제시하고 있습니다. 그간의 교육 변화 흐름을 설명하는 단계를 넘어, 현장에서 다양한 교육을 실천해 온 저자의 통찰과 경험이 풍부하게 녹아들어 있어 우리에게 더 큰 울림을 줍니다.

저 역시 경기도교육감으로서 AI 기반의 학습플랫폼 '하이러닝',

학생 맞춤형 교육을 실현하는 '경기공유학교', 언제 어디서나 배움이 가능한 '경기온라인학교'의 공교육 플랫폼을 구축해 교육의 새로운 길을 열어가고자 노력하고 있습니다. 이는 변화에 능동적으로 대응하고 학생들에게 미래 사회에 적응할 수 있는 기본 인성과 기초 역량을 길러주는 것이 대한민국 교육의 가장 시급한 책무라는 믿음 때문입니다.

이 책은 그러한 실천적 교육관과도 잘 맞닿아 있어 교육을 위한 정책, 에듀테크 기술의 역할, 교사의 변화를 함께 짚어가며 '함께 만드는 미래교육의 길'을 설득력 있게 보여주고 있습니다. 특히 지역을 넘어 대한민국 전체를 대상으로 교육의 나아갈 방향을 선언한 부분에서는 한국 교육의 새로운 가능성을 여는 출발점이 될 수 있다는 점에서 그 의미가 더욱 크다 하겠습니다.

미래는 기다리는 것이 아니라 오늘 우리가 만들어가는 것입니다. 이 책이 더 많은 교육자와 학부모, 정책 결정자들의 손에 닿아 우리 교육이 한발 앞서 미래를 준비하는데 기여할 수 있기를 진심으로 바랍니다.

더는 아이들에게 미안하지 않은
사회를 만들어야 할 때다

이 창 원
한성대학교 총장

입시 경쟁, 사교육 의존, 계층 격차, 미래 역량 부족 등 우리 교육은 오랜기간 동일한 문제 속에 머물러 왔습니다.

『미래를 여는 열쇠, 교육의 대전환』은 이러한 구조적 과제를 냉철히 직시하며, 지금이야말로 근본적 전환이 필요하다는 점을 분명히 제기합니다. 특히 AI 교과서 도입, 유보통합, 고교학점제, 평생 학습 체계 구축 등 당면 과제에 대한 구체적 실행 로드맵은 교육 정책 설계와 집행에 통찰을 제공합니다. 교육의 공공성과 지속 가능성을 고민하는 정책 실무자라면 반드시 주목해야 할 중요한 제안서라 할 수 있습니다.

교육은 다음 세대에게 물려줄 사회의 설계도입니다. 이 책은 날카로운 문제의식과 따뜻한 교육 철학이 조화를 이루며, 우리 교육의 미래를 새롭게 열어갈 귀중한 길잡이가 될것입니다.

희망사다리를 세우는 일, 여기서 다시 시작합니다

전 호 환

부산대학교 (전)총장

류수노 교수님의 에세이집 『미래를 여는 열쇠, 교육의 대전환』 출간을 진심으로 축하드립니다. 농사일로 시작해 9급 공직자의 길로, 방송대를 졸업 후 일본 나고야대학 연구원과 미국 뉴저지주립대학인 럿거스대학(Rutgers, the State University of New Jersey)에서의 박사 후 연수까지, 그리고 마침내 모교인 방송대 교수를 거쳐 총장이 되기까지 파란만장한 인생역정을 겪으면서 만들어진 『미래를 여는 열쇠, 교육의 대전환』은 변화의 갈림길에 선 한국 교육에 명확한 나침반을 제시하는 책입니다. 디지털 대전환과 AI 시대, 인구구조 변화라는 전례 없는 도전에 직면한 오늘, 우리는 교육이 단순한 지식 전달을 넘어 사회와 개인을 함께 성장시키는 기반이 되어야 함을 절감합니다.

이 책은 한사람의 외침을 넘어, 우리 모두의 책임과 소명을 일깨우는 선언입니다. 교육이 무너질 때 희망은 사라지고, 교육이 바로 설 때 미래는 열립니다. 무너진 사다리를 다시 세우는 이 길에 독자 여러분 한 분 한 분이 동행해 주시길 바랍니다. 그 길이 곧 대한민국 교육의 내일을 밝히는 희망의 길이 될 것입니다.

이 책은 단지 문제를 지적하는 데 그치지 않고, 각 부문별로 체계적인 분석과 대안을 제시하며 우리에게 교육 실천의 방향을 안내합니다.

교육의 전환은 더 이상 미룰 수 없는 과제입니다. 이 책은 그 전환을 함께 시작할 이들에게 깊이 있는 통찰을 전하여 줍니다.

이대로는 안 된다. 교육은 지금, 다시 설계되어야 한다

권 순 기
경상국립대학교 (전)총장

류수노 총장님의 『미래를 여는 열쇠, 교육의 대전환』 출간을 진심으로 축하드립니다.

총장이라는 자리는 행사의 축사나 발간사와 같이 축하의 말을 많이 부탁받는 자리입니다. 많은 축사나 발간사에서 무슨 말을 해야 하나, 어떤 말을 써나 하나 조금은 고민할 때가 많이 있습니다. 그러나 이번만은 한 치의 고민도 필요치 않았습니다. 류수노 총장님은 이미 그분의 삶으로 교육의 본질과 철학을 보여주셨기 때문입니다. 그분의 삶을 그대로 담아내는 것만으로도 축사가 되어버리는, 그런 특별한 분입니다.

9급 공무원으로 시작해 농촌의 현장을 거쳐 대한민국 최초의 방송대 출신 교수, 더 나아가 총장이라는 자리까지 오르신 총장님의 인생여정은 한 개인의 성공기를 넘어 우리 공교육이 추구해야 할 가치와 이상을 압축적으로 보여줍니다. 총장 선거에서 1순위 당선 후 임명까지 3년 6개월의 기다림 속에서도 굴하지 않았던 도전, 방송통신대법 제정을 위한 208여 명 국회의원 설득 과정, 코로나 혼란기 속 미래지향적 공유형 강의 모델의 개발 등은 '교육의 사명'을 몸소 실천한 장면들이며, 바로 이 책이 그 도전의 기록이자 결실입니다.

"踏雪野中去(답설야중거) 不須胡亂行(불수호란행) 今日我行跡(금일아행적) 遂作後人程(수작후인정)" 눈 덮인 들길을 갈 때 함부로 걷지 말라. 오늘의 발자취가 뒤에 올 사람들의 길이 되리라. 이 시의 구절처럼, 총장님께서 걸어오신 길은 그 자체로 한국 교육의 이정표가 되었습니다. 그분의 삶은 수많은 제자와 교육자, 그리고 교육 행정인에게 용기와 비전을 남겼습니다.

『미래를 여는 열쇠, 교육의 대전환』은 단지 교육세도의 문세를 비판하는 책이 아닙니다. 영유아 교육에서부터 대학교육, 평생학습에 이르기까지 "어떻게 바꿔야 하는가"에 대한 구체적이고 실천 가능한 청사진을 제시합니다. 무엇보다 교육은 제도가 아니라 희망이며, 공정의 가치 위에 세워져야 한다는 총장님의 철학은 깊은 울림을 줍니다. 『교육의 대전환』은 교육자와 정책가, 학부모 모두가 함께 읽고, 토론하며, 실천해야 할 교과서이자 선언문입니다. 이번 발간이 우리 사회의 교육 패러다임을 바꾸는 출발점이 되기를 진심으로 기대합니다. 총장님의 한 걸음 한 걸음이 대한민국 교육의 미래를 비추는 이정표로 오래 기억되기를 바랍니다.

아이들의 눈빛은 바뀌지 않았습니다
변하지 않은 것은 어른들의 교육입니다

고 광 선

대한노인회 서울시연합회 회장

대한민국의 아이들은 여전히 배움을 갈망합니다. 작은 호기심에도 반짝이며, 자신만의 길을 찾고자 애씁니다. 그러나 교육의 시스템은 그 눈빛을 따라가지 못합니다.

답이 정해진 문제, 점수에 매몰된 교실, 그리고 무엇보다 미래가 보이지 않는 교육. 그럼에도 불구하고, 우리는 여전히 교육을 믿습니다.

그 믿음을 현실로 만들기 위해서는 이제 어른들이 바뀌어야 합니다.

정책을 만드는 이들의 깊은 통찰과 결단이 필요합니다.

이 책『미래를 여는 열쇠, 교육의 대전환』은 단순한 개혁의 구호가 아니라, 현장의 숨소리와 데이터를 토대로 한 실천 가능한 방향을 제시합니다.

저자 류수노교수는 교육행정과 정책 현장을 오래 경험하며, 대한민국 교육의 병목과 가능성을 누구보다 잘 알고 있습니다.

사교육비 절감, AI 교과서 도입, 유보통합, 고교학점제, 대학 혁신, 평생학습, 그리고 교육사다리 복원까지. 이 책은 구체적이고도 전략적인 해법을 담고 있습니다.

교육부 관계자, 지자체 교육 행정가, 국회 교육위원회, 교육 관련 언론인 등 정책 결정자에게 꼭 필요한 '교육의 나침반' 같은 책입니다. 미래는 멀리 있지 않습니다. 오늘의 정책이 내일의 교실을 만들고, 그 교실에서 우리 아이들의 삶이 시작됩니다.

이제, '무엇이 옳은가'가 아닌 '무엇을 할 것인가'를 묻고 답해야 할 시간입니다.

이 책이 바로 그 실천의 시작점이 되기를 바랍니다.

대변화의 시대, 대한민국 교육 정책
속도 보다는 방향이 그리고 실천이 중요합니다

문 주 현

엠디엠그룹 회장, 한국자산신탁 회장

문주현장학재단 이사장, 검정고시 300만 총동문회 명예회장

우리는 지금, 기술과 사회가 상상 그 이상의 속도로 변화하는 시대를 살고 있습니다. 인공지능, 디지털 전환, 글로벌 공급망의 재편 등 기업의 생존 전략이 하루가 다르게 바뀌는 이 시점에서, 교육은 과연 어디를 향하고 있을까요?

『미래를 여는 열쇠, 교육의 대전환』은 이 질문에 대한 깊이 있는 통찰을 제공합니다.

저자는 한 사람의 공무원, 학자, 그리고 교육자로서 살아온 자신의 길을 통해 교육이 왜 국가의 중심이어야 하는지, 그리고 왜 지금 교육이 대전환되어야 하는지를 설득력 있게 이야기합니다.

특히 이 책은 단순히 교육의 방법론을 다루는 것이 아니라, 우리가 어떤 인간을 길러내야 할지, 어떤 가치가 미래 사회를 이끌 것인

지에 대한 근본적인 방향성을 제시합니다.

　기업 경영에서도 가장 중요한 것은 '속도'보다 '방향'입니다. 잘못된 방향으로 빠르게 달리는 것은 오히려 더 큰 리스크를 초래합니다. 교육도 마찬가지입니다. 이 책은 교육이 기술 중심의 경쟁을 넘어, 인간 중심의 지속가능한 미래를 향해 나아가야 한다는 점을 강력하게 일깨워줍니다.

　저는 이 책을 통해 '사람을 키우는 일'인 교육이야말로 미래를 위한 가장 전략적인 투자라는 사실을 다시금 확신하게 되었습니다.

　기업인으로서, 그리고 미래 세대를 응원하는 한 사람으로서, 교육정책자, 교육자, 학부모 모두가 『교육의 대전환』을 함께 읽고 토론하며 대한민국 교육의 새로운 방향을 함께 모색해 나가기를 바랍니다. 이 책은 그 출발점이 되어 줄 것입니다.

인재가 곧 기업의 미래이며, 교육이 바로 그 뿌리다

김 영 철
바인그룹 회장

대한민국의 지속 가능한 성장은 결국 사람에 달려 있습니다. 그 사람을 길러내는 것이 바로 교육입니다. 저는 수십 년간 기업 현장에서 수많은 인재들을 만나고, 또 채용하고, 함께 일해오면서 확신하게 되었습니다.

지속가능한 기업은 지속가능한 교육에서 나온다는 사실을 말입니다.

『미래를 여는 열쇠, 교육의 대전환』은 단순히 교육 현장의 문제를 지적하는 데 그치지 않습니다. 이 책은 교육이 왜 바뀌어야 하는지를 시대적 흐름과 정책적 맥락 속에서 치열하게 고찰하고 있으며, 우리 사회와 경제 전반에 걸친 교육의 영향력까지 꿰뚫어 보고 있습니다.

지금 기업들은 혁신적 인재, 창의적 사고, 윤리의식과 협업 능력을 갖춘 인재를 원하고 있습니다. 그러나 현재의 교육 시스템은 여전히 입시 위주의 틀 안에 갇혀, 미래 사회가 요구하는 인재상을 길러내기엔 한계를 드러내고 있습니다.

이 책은 바로 그 한계를 뛰어넘을 실천적 방향을 제시하고 있습니다.

기업도 더 이상 교육의 수요자에 머물러서는 안 됩니다. 이 책이 제시하는 교육의 대전환은 기업의 생존과 성장, 더 나아가 사회 전체의 번영과도 연결되어 있습니다.

지금 우리가 교육을 위해 함께 고민하고, 실천하지 않는다면, 미래는 그만큼 멀어질 것입니다.

『미래를 여는 열쇠, 교육의 대전환』은 교육자뿐 아니라 경영자에게도 꼭 필요한 책입니다. 교육을 통해 더 나은 사회를 만들고자 하는 모든 분들께 이 책을 강력히 추천합니다.

지금, 교육을 바꾸지 않으면 우리의 미래는 없다
발명강국 대한민국을 위해…

남 종 현

(주)그래미 회장

대한민국은 자원은 부족하지만, 인재는 풍부한 나라입니다.

인재를 바탕으로 우리는 '기적'이라 불릴 만큼 빠른 산업화를 이루었지만, 이제는 창의력과 혁신이 이끄는 시대에 들어섰습니다.

자원이 아닌 '사람'이 경쟁력의 핵심이 되는 이 시대에, 대한민국이 다시 한번 도약하려면 교육이 먼저 바뀌어야 합니다.

교육은 단지 '제도'가 아니라 '희망'이어야 하고, '공정'이어야 한다는 저자의 말처럼 창의적 사고와 발명 중심 교육을 접목시킴으로써, 학생들이 단지 '정답을 맞히는 아이'가 아니라 '새로운 질문을 던지고 해결책을 만들어내는 창조적 인재'로 성장할 수 있는 길을 열어줍니다.

이 책은 기술혁신 미래 인재 양성과 관련하여 그 무한한 가능성을 현실로 바꾸기 위한 강력한 해법을 제시하고 있습니다.

이 해법을 통해 우리 아이들의 창의성과 문제해결 능력을 키우고 대전환된 교육이 지속적으로 이루어진다면 발명강국 대한민국을 이루는 날도 멀지 않을 것이라 확신합니다.

저자는 교육 현장의 경험과 미래지향적 통찰을 바탕으로, 우리나라가 진정한 발명강국으로 도약할 수 있는 비전과 실천 전략을 제시합니다. 교육의 힘을 믿고, 아이들의 가능성을 믿는 모든 이들에게 이 책은 깊은 울림과 확신을 줄 것입니다.

교육은 국가의 뿌리입니다. 아이들의 오늘은 대한민국의 내일입니다. 교육이 바뀌면, 아이들이 바뀌고, 결국 나라가 바뀝니다. 이제, 더 이상 미루지 맙시다. 우리는 선택해야 합니다.

변화를 시작할 것인가, 그대로 둘 것인가. 이 책이야말로 교육의 본질을 되찾고, 희망의 사다리를 다시 세우는 강력한 선언이자 따뜻한 호소입니다.

『미래를 여는 열쇠, 교육의 대전환』을 통해, 발명강국 대한민국이 하루빨리 이루어지기를 간절히 기원합니다.

이제는 말할 때가 아니라 바꿀 때다

김 근 태
(예)육군대장, (전)육군 제1군사령관

우리는 너무 오랫동안 교육의 위기를 말해왔습니다. 그러나 변화는 더디고 실천은 더 부족했습니다.

『미래를 여는 열쇠, 교육의 대전환』은 명쾌하게 선언합니다. 이대로는 안된다고, 지금이 바로 교육 개혁을 실행할 시간이라고. 현장의 목소리, 정책의 비전, 제도 개선의 방향이 명료하게 담긴 이 책은 선언이자 제안입니다.

우리는 이제 입시 성적만을 위한 교육, 사교육비에 허덕이는 교육, 아이의 꿈보다는 점수와 등수를 먼저 재는 교육에서 벗어나야 합니다.

교육은 아이들에게 희망을, 부모에게 신뢰를, 그리고 사회 전체에 미래를 주어야 합니다.

이 책은 그 해답을 구체적으로, 그리고 현실적으로 제시합니다.

무엇보다 감동적인 것은, 저자가 직접 공교육을 통해 성장한 한 사람으로서 자신의 삶과 경험을 바탕으로 '교육은 누구에게나 기회의 사다리가 되어야 한다'는 확신을 이야기하고 있다는 점입니다.

많은 학부모들께 이 책을 권하고 싶습니다. 마음속에 남아 있던 교육에 대한 분노와 불안, 희망과 기대를 동시에 어루만져주는 책입니다. 이제 우리 아이들의 미래를 위해, 교육의 방향을 함께 바꿔야 할 때입니다.

교육을 사랑하는 사람이라면 누구나 이 책을 통해 실천의 용기를 얻을 수 있을 것입니다.

차례

제1부

대한민국 교육의 미래와 진로

제1장
디지털 대전환 사회의 특징과 교육의 변화

1. 디지털 대전환의 개념과 배경

우리가 맞이한 디지털 대전환은 과거의 산업혁명처럼 기술 발전에 그치지 않고, 사회의 전반적인 구조와 인간의 삶의 방식을 바꾸는 거대한 흐름이다. 인공지능, 빅데이터, 클라우드, 사물인터넷, 블록체인 등 새로운 디지털 기술들은 산업과 경제뿐 아니라, 정치, 문화, 교육, 복지, 의료 같은 공공영역까지 영향을 미치고 있다.

특히 산업 영역에서는 자동화와 무인화, 플랫폼 중심의 생태계 전환이 빠르게 이루어지고 있다. 과거 제조업 중심의 사회는 소프트웨어와 데이터가 중심이 되는 '지능정보사회'로 재편되고 있으며, 이에 따라 새로운 직업이 생기고 기존 직업은 사라지거나 성격이 완전히 바뀌고 있다.

이러한 변화는 일상의 수준에서도 이미 체감되고 있다. 스마트폰 하나로 금융, 쇼핑, 진료, 학습, 소통 등 대부분의 생활이 해결되고, 디지털 기술을 활용하지 못하는 개인이나 집단은 사회적 불평등의 새로운 층위에 놓이게 된다. 디지털 접근성과 활용 능력은 이제 생존의 조건이자 시민의 기본 권리로 여겨지는 시대가 도래한 것이다.

더욱이 코로나19 팬데믹은 이 디지털 전환을 수년 앞당기는 계기가 되었다. 비대면 중심의 생활 구조가 자리를 잡으며, 원격 근무, 온라인 교육, 비대면 의료 서비스가 하나의 표준으로 자리잡게 되었다. 이로 인해 디지털 전환은 선택이 아닌 필수, 사회의 모든 구성원이 준비하고 대응해야 할 과제가 되었다.

2. 사회 구조와 일상생활의 변화

디지털 대전환은 단지 기술의 발전에 그치지 않고, 사회 구조 전반과 일상생활의 방식까지 근본적으로 변화시키고 있다.

먼저, 산업 구조의 변화가 두드러진다. 전통적인 제조업 중심의 경제는 점점 디지털 플랫폼 기반의 경제로 이동하고 있다. 플랫폼을 중심으로 하는 서비스, 콘텐츠, 공유경제 등이 새로운 산업의 중심축이 되었고, 이에 따라 고용구조도 급격히 달라지고 있다. 정규직 중심의 고용은 감소하고, 프리랜서, 플랫폼 노동자, 디지털 노마드 등의 비정형 노동이 확산되고 있다.

의사소통 방식도 디지털화되면서, 관계의 형성과 유지가 대면 중심에서 온라인 중심으로 이동하고 있다. 특히 청소년들은 SNS와 메신저를 통해 정체성과 소속감을 형성하고 있으며, 이는 사회적 정서 발달에도 큰 영향을 주고 있다.

공공 서비스 분야 역시 디지털 전환이 빠르게 진행되고 있다. 행정, 교육, 보건의료, 복지 영역에서는 데이터 기반 의사결정, 인공지능 상담, 원격진료, 온라인 학습 등이 빠르게 확산되고 있다. 이러한 변화는 개인의 삶의 질을 향상시키는 긍정적 효과도 있지만, 동시에 디지털 소외, 개인정보 침해, 알고리즘 편향 등 부작용도 낳고 있다.

이처럼 디지털 대전환은 우리의 일상을 빠르게 바꾸고 있으며, 그 속에서 새로운 윤리와 시민 역량, 그리고 교육의 역할이 더욱 강조되고 있다. 디지털 격차를 해소하고, 기술을 올바르게 활용할 수 있도록 하는 디지털 시민교육의 중요성이 커지고 있다.

3. 교육환경의 변화

디지털 대전환은 교육의 본질과 전달 방식, 학습자의 역할에 이르기까지 교육환경 전반을 빠르게 변화시키고 있다. 특히 코로나19 팬데믹을 계기로 온라인 학습의 급속한 확산은 기존의 교실 중심 교육 체계를 흔들었고, 이를 통해 학교 교육이 더 이상 물리적 공간에 국한되지 않게 되었다는 사실을 실감하게 되었다.

과거의 교육은 교사가 지식을 전달하고 학생은 수용하는 일방향적 구조였다면, 디지털 기술의 도입 이후 교육은 상호작용적이고 개별화된 구조로 전환되고 있다. AI 튜터, 학습분석시스템(Learning Analytics), 메타버스 기반 가상수업, 디지털 교과서 등은 학습자 중심의 맞춤형 교육을 가능하게 한다. 학생은 자신의 수준과 흥미에 따라 학습 경로를 선택할 수 있고, 교사는 학습 데이터를 기반으로 개별 피드백을 제공할 수 있다.

이와 함께, 평가 방식도 변화하고 있다. 기존의 지필시험 중심에서 수행평가, 포트폴리오, 프로젝트 기반 학습(PBL) 등으로 전환되고 있으며, 이는 학생의 창의성과 문제해결력을 중심으로 한 미래 역량을 기르려는 교육철학의 반영이나.

또한 디지털 전환은 교육 불평등을 더욱 가시화시키기도 한다. 디지털 기기나 인터넷 접근성이 떨어지는 가정의 학생은 온라인 학습에서 소외될 수 있으며, 이를 해결하기 위한 디지털 접근권 보장과 기초 디지털 리터러시 교육이 필요하다.

결국, 디지털 시대의 교육은 단지 기술을 도입하는 차원을 넘어, 교육의 본질, 교사의 역할, 학습자의 역량, 평가 방식, 교육 공간에 대한 근본적인 재구성을 요구하고 있다. 이러한 변화에 효과적으로 대응하기 위해서는 교사 연수의 혁신, 교육과정의 유연화, 디지털 기반 교육 인프라의 확충 등이 병행되어야 한다.

4. 디지털 시대 교육정책의 변화

디지털 대전환 시대에 교육정책은 단순한 학습 도구의 변화가 아니라, 교육의 철학과 방향, 시스템 전반을 재정비하는 전환의 과정을 요구받고 있다. 이러한 전환은 단기적 대응이 아닌 중장기적 비전과 체계적 실행전략을 필요로 하며, 그 핵심은 '사람 중심의 디지털 교육'이다.

1) 디지털 격차 해소 중심에서 디지털 역량 강화 중심으로

초기 교육정책은 디지털 기기의 보급과 인터넷 접근성 향상 등 디지털 격차 해소에 집중되었다. 그러나 이제는 단순한 접근을 넘어, 모든 학생이 디지털 기기를 활용해 학습하고 문제를 해결할 수 있는 역량을 갖추도록 하는 것이 핵심 과제가 되었다. 따라서 디지털 리터러시, 미디어 이해력, AI 기초교육 등을 정규 교육과정 안으로 포함시키는 정책적 변화가 나타나고 있다.

2) 국가 주도의 일괄적 정책에서 학교 중심의 유연한 자율정책으로

과거에는 국가가 교육과정을 세부적으로 통제하는 방식이 일반적이었으나, 디지털 시대에는 학교 자율성과 지역 맞춤형 교육정책의 필요성이 커졌다. 예를 들어 AI 디지털 교과서의 도입은 학교 현장의 상황에 따라 유연하게 적용되어야 하며, 교사와 학생의 참여를 기반으로 학습 경험을 설계할 수 있어야 한다. 교육부는 방향성과 기준을 제시하되, 학교 단위에서 창의적으로 실천할 수 있는 분권형 정책 구조로 바뀌고 있다.

3) 일회성 기술 도입에서 지속가능한 교육생태계 조성으로

단기 사업 위주의 정책은 기술의 빠른 발전 속도를 따라가지 못하고 소모적인 결과를 낳을 수 있다. 이에 따라 디지털 교육정책은 지속가능한 생태계 구축을 지향한다. 예컨대 교사의 디지털 역량 강화 연수, 학생 맞춤형 학습데이터 플랫폼, 디지털 교육자원 공유 시스템 등의 구축이 중요하다. 또한 민간 기업과의 협력도 점점 중요해지고 있으며, 공공과 민간이 협력하여 교육 기술을 공동 개발하고 확산하는 생태계를 조성하고 있다.

4) 공정성과 포용성을 고려한 디지털 교육정책

디지털 기술은 교육의 기회를 확장시키는 도구이기도 하지만, 기술 접근성이 낮은 학생들에게는 새로운 차별을 만들기도 한다. 따라서 정책 설계 시 장애학생, 농어촌 학생, 저소득층 가정의 학생 등을 위한 별도 지원 방안이 반드시 병행되어야 한다. 이는 단지 복지의 문제가 아니라, 공교육의 신뢰와 정당성 회복을 위한 핵심 요소이다.

우리가 직면한 미래 사회의 네 가지 특징은?

"미래는 준비하는 자의 것이다."

오늘날 우리가 살아가는 시대는 빠르게 변하고 있습니다. 미래는 예측이 아니라 대응의 문제입니다. 이제 교육도 미래사회의 본질적 변화를 꿰뚫고, 그것에 발맞춰야 합니다. 그렇다면 우리가 직면한 미래사회는 어떤 특징을 가지고 있을까요?

1. 초지능화 : 인공지능(AI)이 일상이 되는 사회

AI는 더 이상 공상과학의 영역이 아닙니다. 교육, 의료, 금융, 제조 등 거의 모든 산업에 인공지능이 깊숙이 개입하고 있습니다. 이는 단순한 직무의 자동화를 넘어서 인간의 사고, 판단, 창의성의 영역까지 대체하고 확장하고 있습니다. AI는 교육의 패러다임을 바꾸고 있습니다.

AI와 공존하는 삶을 준비하지 않는 교육은, 아이들에게 과거만을 가르치는 것입니다.

2. 초연결화 : 디지털 네트워크로 모두가 연결된 사회

5G, 사물인터넷(IoT), 메타버스까지. 우리는 실시간으로 연결된 '하이퍼 커넥티드(hyper-connected)' 사회를 살아가고 있습니다. 지식은 더 이상 교실 안에 머물지 않으며, 국경과 시간의 한계를 넘어 흐르고 공유됩니다.

연결은 힘이고, 연결은 가능성입니다.

교육은 고립된 전달이 아니라, 열린 상호작용으로 바뀌어야 합니다.

3. 불확실성과 복합위기 : 한계 없는 변수의 시대

기후위기, 감염병, 경제 충격, 디지털 격차 등. 미래사회는 예측 가능한 성장이 아니라 '불확실성' 그 자체입니다. 기존의 정답형 교육으로는 이러한 복합위기에 유연하게 대처할 수 없습니다.

정답이 없는 사회에 필요한 것은 문제를 정의할 줄 아는 사람입니다.

미래 교육은 '질문하는 법'을 가르쳐야 합니다.

4. 초고령화와 저출생 : 인구구조의 전환

우리는 인류 역사상 유례없는 '급격한 고령화'와 '출산율 급락'이라는 도전에 직면하고 있습니다. 일하는 세대는 줄어들고, 부양해야 할 인구는 증가합니다. 이는 단지 복지 문제가 아니라 교육의 지속 가능성을 위협하는 구조적 문제입니다. 더 많은 사람이 더 오래 배워야 합니다. 배움은 특정 시기의 전유물이 아니라, 전 생애의 과제가 되어야 합니다.

우리가 직면한 미래사회의 네 가지 특징은 단절과 위기의 징후이자, 새로운 가능성의 신호이기도 합니다. 초지능화, 초연결화, 불확실성, 초고령화. 이 네 가지 변화는 교육이 단순히 정보를 전달하는 수준을 넘어, 인간다움, 공동체, 회복력을 키워야 하는 이유를 말해줍니다. 이제는 교육이 미래를 선도해야 할 시간입니다. 변화는 선택이 아니라 필수입니다.

제2장

대한민국의 학령인구 감소

1. 학령인구 감소의 현실

대한민국은 지금 전 세계에서 가장 빠른 속도의 학령인구 감소를 겪고 있다. 저출산과 고령화라는 구조적 인구변화 속에서 초·중등학교와 고등교육기관의 학생 수가 급격히 줄고 있으며, 이로 인해 교육 시스템 전반에 큰 충격이 가해지고 있다. 2024년 기준, 출생아 수는 약 23만 명 수준으로, 2000년의 절반 이하로 줄었으며, 이는 곧 유치원, 초등학교, 중학교, 고등학교, 대학까지의 학생 수 급감으로 이어지고 있다. 서울을 포함한 수도권조차 미달 학교, 정원 미달 학과가 속출하고 있으며, 농어촌 지역은 학교 통폐합과 교원 감축이라는 직접적인 영향을 받고 있다.

1) 저 출생의 현주소

2023년 우리나라 출생아수는 23만여 명이다. 1960년 출생아수 109만여 명을 정점으로 60년 만에 약 5분의 1로 줄었다. 전 세계적으로 유례가 없는 빠른 속도로 진행된 극 초저출산이다. 합계출산율이 역대 최저 기록인 0.72명을 기록했다. 합계출산율이 0.72명 이라는 것은 남녀 100쌍(200명)이 겨우 72명만 출산한다는 의미다.

통계청이 전망한 장래인구 추계에 따르면 2054년 전국 인구는 전년보다 1.03% 감소할 것으로 예측했다. 인구성장률은 2022년 -0.19%, 2038년 -0.3%, 2044년 -0.53% 등으로 점점 감소폭이 커진다. 30년 후에는 매해 인구가 전년보다 1% 넘게 줄어든다. 합계출산율 0.72명인 대한민국은 뉴욕타임스 경고처럼 흑사병 창궐로 인구가 급감하던 14C 유럽보다 더 상황이 심각하다.

경제가 고도화되어 갈수록 일의 세계가 삶의 세계를 밀어내게 되는데 특히, 믿을 게 인적자원밖에 없는 한국, 대만, 싱가포르는 교육과 직업이 출산율을 밀어내는 대표적 사례다. 한국이 0.72명, 대만 0.83명, 싱가포르 0.84명에 머문다.

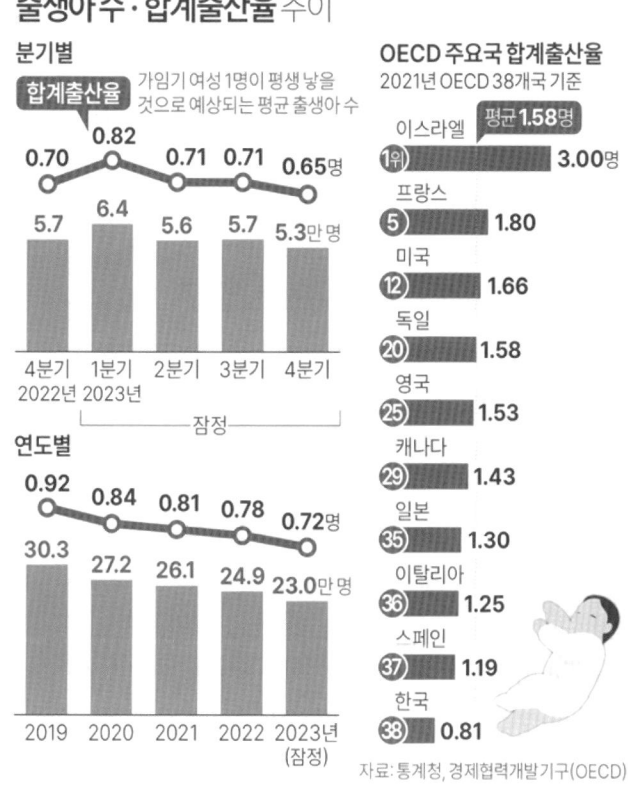

그림 1. 출생아 수·합계출산율 추이

　　지난 15년간 380조 원이 넘는 예산을 투입했으나 출산율은 0.72명으로 계속 추락했다. 출산장려책을 경쟁적으로 내놓지만, 인구학에서 초저출산과 저출산을 나누는 기준 1.3은 넘을 수 있을까? 그 수준은 아니더라도 지금의 0.7보다는 높아질 수 있을까?. 학자들의 대부분은 긍정적으로 보고 있지 않다. 저출생 문제가 복지정책 향상 수준으로 해결될 단계를 넘어섰다고 본다.

저출생은 향후 정부의 의지와 정책 여하에 따라 어느 정도 완화될 가능성은 있지만 저출산의 추세 자체가 바뀌기는 쉽지 않다고 본다.

2. 학령인구 감소가 교육에 미치는 영향

1) 학교 규모의 축소와 폐교 문제

학생 수 감소로 인해 소규모 학교가 늘고, 교육의 질 저하, 운영의 비효율성, 교사 배치의 어려움이 발생하고 있다. 특히 농어촌 지역은 학교 폐교가 일상이 되고, 지역사회 붕괴로까지 이어지는 악순환을 겪고 있다.

2) 교원 수급의 불균형

교사 임용 계획이 학령인구 변화에 즉각적으로 반영되지 않아, 임용시험 경쟁률이 급감하거나, 반대로 특정 과목의 교사 부족 현상이 발생하고 있다. 교육부는 정원을 감축하고 있으나, 질 높은 교원 확보와 배치가 새로운 과제로 부상하고 있다.

3) 고등교육기관의 위기

대학 역시 심각한 위기를 겪고 있다. 지방대학의 경우 정원 미달이 일반화되었고, 일부는 폐과, 구조조정, 통합을 진행 중이다. 이로 인해 고등교육의 불균형, 수도권 쏠림, 지역 소멸 우려가 현실화되고 있다.

3. 인구 감소 대응 정책의 현황과 한계

정부는 학령인구 감소에 대응하기 위해 다양한 대책을 내놓고 있으나, 근본적 해법 마련은 여전히 부족하다.

- 소규모 학교의 기능 재편(예 : 작은 학교를 미래형 교육공간으로 전환)
- 농·산·어촌 유학 프로그램 확대
- 지방대학 활성화 정책, '지방대 지원 특별법', '지자체-대학 협력기반 사업'
- 교원 정원 탄력 운영 시도

하지만 이들 대책은 단기적이고 지역 편차가 크며, 일관된 국가 전략이 부재하다는 비판을 받고 있다.

4. 교육의 패러다임을 전환할 때

대한민국은 이제 단순히 '학생 수가 줄어드는 문제'를 넘어서, 사회 전반의 구조와 철학을 다시 설계해야 하는 전환기에 직면해 있다. 학령인구 감소는 일시적인 현상이 아니라 지속적이고 구조적인 변화이며, 이는 교육 정책뿐 아니라 사회·경제·문화 전반에 영향을 미치는 중대한 이슈이다.

이러한 현실에서 우리는 세 가지 차원의 근본적 인식 전환이 필요하다.

1) 교육 대상을 재정의

전통적인 교육 체계는 '6세~18세 학생'을 중심으로 구성되어 왔으나, 이제는 이 범주를 넘어 모든 국민이 학습자가 되는 시대, 즉 전 생애 학습 체계로의 전환이 필요하다. 학령인구의 감소를 단순히 위기로만 볼 것이 아니라, 개별화 교육, 맞춤형 진로 설계, 평생 학습 강화와 같은 질적 전환의 기회로 삼아야 한다.

2) 학교의 기능을 재구성

과거 학교는 지식 전달의 공간이었으나, 오늘날에는 공동체 중심의 거점 공간, 지역과 미래를 잇는 허브로 그 기능을 확장해야 한다.

특히 소규모 학교의 위기를 미래형 교육 실험공간, 지역사회 중심의 열린 교육장으로 전환할 수 있다면, 교육의 지속 가능성은 오히려 강화될 수 있다.

3) 국가의 역할과 지역의 자율성을 재조정

학령인구 감소에 대응하는 교육정책은 단순한 중앙 지침으로 해결되기 어렵다. 지역의 실정과 인구구조, 산업 생태계에 맞춘 지자체-교육청-학교-대학의 협력적 분권 시스템이 요구된다. 중앙정부는 방향을 제시하고 기반을 마련하되, 실행은 지역 주도로 설계해야 한다. 이를 통해 교육이 단순히 정원 수급의 문제가 아니라 지역사회 재생, 청년의 정착, 일자리 창출과 연결된 복합 정책으로 자리잡게 해야 한다.

5. 미래로 나아가는 교육의 기로

대한민국은 지금 인구 구조의 급변과 디지털 전환이라는 두 개의 거대한 흐름 앞에 서 있다. 학령인구 감소는 위기의 시작이 아니라, 기존 교육 패러다임을 과감히 재설계할 수 있는 기회다. 학생 수가 줄어든다고 해서 교육의 중요성이 줄어드는 것이 아니다. 오히려 더 적은 수의 학생들에게 더 깊이 있는 교육을 제공할 수 있는 시대가 열리고 있다.

따라서 정부와 교육계는 이 위기를 구조 개혁, 교육 혁신, 인재 양성의 계기로 삼아야 한다.

특히 다음 세 가지 원칙이 필요하다.

- 전환(Transformation) : 양적 팽창에서 질적 내실로
- 통합(Integration) : 지역, 세대, 학습 주체 간의 연결 강화

- 유연성(Flexibility) : 이제는 "얼마나 많은 학생이 있는가"가 아니라, "남은 학생들에게 어떤 교육을 제공할 것인가"가 핵심과제가 되어야 한다.

대한민국 교육은 인구 감소라는 변화 속에서도 더 강하고, 더 깊고, 더 넓게 뻗어 나갈 수 있다. 그 전환의 첫 걸음은, 바로 지금 우리가 이 변화를 정면으로 마주하고, 교육의 미래를 능동적으로 설계하는 일이다

1) 과거 교육 패러다임의 한계

20세기 교육은 산업화 사회의 요구에 부응하여 표준화된 교육 체계를 구축해왔다. 교사는 지식을 전달하고, 학생은 이를 암기하고 재생산하는 구조였다. 이 방식은 대량 교육, 대량 생산 체계에 적합했지만, 빠르게 변화하는 디지털 시대에는 한계를 드러낸다. 획일화된 교육으로는 개인의 잠재력을 충분히 끌어낼 수 없으며, AI처럼 정보 처리 능력이 뛰어난 존재와 경쟁하는데도 적합하지 않다.

2) 새로운 패러다임의 핵심 : 인간 중심 교육

AI 시대의 교육은 단순히 기술을 가르치는 것이 아니라, 기술과 함께 살아갈 수 있는 인간을 기르는 것이다. 인간은 AI와 달리 상상력, 직관, 윤리의식, 공감능력 등을 지닌 존재다. 따라서 새로운 교

육 패러다임은 이러한 인간 고유의 능력을 중심에 두어야 한다.

- 창의성 : AI가 기존 정보를 조합하거나 반복하는 능력은 탁월하지만, 완전히 새로운 아이디어를 만들어내는 데는 한계가 있다. 창의력은 인간만이 가진 경쟁력이다.
- 비판적 사고 : 정보의 진위를 판단하고, 복잡한 문제를 다각도로 분석하며, 윤리적 결정을 내리는 능력은 AI가 쉽게 대체할 수 없는 부분이다.
- 자기주도성과 학습력 : 급변하는 환경에서 지속적으로 배우고 변화에 적응하는 능력이 더욱 중요해지고 있다.

3) 교육 목표의 전환

AI 시대에는 지식의 양보다 지식에 접근하고 활용하는 능력, 그리고 문제 해결과 협업 능력이 중요해진다. 이는 교육의 목표가 지식 축적에서 역량 기반 교육으로 전환되어야 함을 의미한다.

- 정답을 맞히는 교육에서 질문을 던지는 교육으로
- 지시를 따르는 학습에서 탐색하고 시도하는 학습으로
- 개인 경쟁 중심에서 협업과 공존 중심으로

4) 교사와 교육의 역할 재정립

교사는 더 이상 단순한 지식 전달자가 아니다. 이제는 학습의 촉진자, 조력자, 멘토로서의 역할이 강조된다. AI와 디지털 도구를 활용해 학습을 개인화하고, 학생의 역량과 성장을 지원하는 방향으로 교사의 역할이 변화해야 한다.

AI시대에는 학생 스스로 탐구하고 문제 해결하는 과정을 돕는 퍼실리테이터(Faciliator)의 역할이 강조된다. 교사는 더 이상 지식을 전달하는 사람에 머물지 않고, 아이들의 성장을 돕는 길잡이가 되어야 하며, 교육은 시험을 준비하는 과정이 아니라 미래를 살아가는 힘을 기르는 장이어야 한다.

"교사는 길잡이, 교육은 미래를 여는 힘이다"

교사는 아이들의 기억속에 살아있는 사람이다

누가 내 인생을 바꾸었는가?
"학생은 교사의 수준을 넘어서기 어렵다."

그 말은 교육의 본질을 꿰뚫는다는 말입니다.

교사의 눈높이, 교사의 진심이 학생의 삶을 이끄는 가장 깊은 물줄기입니다.

기억 속 한 사람 우리는 누구나 한 명씀은 기억합니다.

수많은 수업 중 단 한 번의 따뜻한 격려.

"너는 할 수 있어." "괜찮아. 나는 네가 잘할 줄 알아."

그 말은 시험 점수보다 오래 남아 마음 깊은 곳에서 희망의 씨앗이 됩니다.

그 사람이 교사였다면, 우리는 이미 진짜 교육을 만난 것입니다.

교육은 사람입니다. 오늘날 교실은 분주하고 지쳐 있습니다.

교사는 수업 외의 업무에 치이고, 학생은 고립되고, 정서적 소통은 줄어들고 있습니다. 그러나 교육은 사람의 일입니다.

지식을 전달하는 것이 아니라, 사람을 일으키는 일입니다.

AI가 문제를 풀 수는 있어도, 아이의 마음을 읽고 이끄는 일은 사람만이 할 수 있는 일입니다. 교사의 눈높이, 학생의 미래입니다.

"학생은 교사의 수준을 넘어서기 어렵다."고 합니다. 교사의 열정이 식으면 교실은 식고, 교사의 상상력이 닿지 않으면 아이들의 미래도 그 이상을 바라볼 수 없습니다. 학생은 교사를 보고 자랍니다. 한 사람의 교사로 인해 한 명의 학생이 일어나고, 그 학생이 세상을 바꾸는 일, 그것이 바로 교육입니다.

다시, 사람에서 시작하자. 교사는 단지 직업이 아니라 기억에 남는 사람입니다. 길을 밝혀주는 사람, 어깨를 두드려 주는 사람, 함께 울어주는 사람. 교육의 변화는 제도나 기술이 아니라, 사람의 마음에서부터 시작되어야 합니다. 교사의 자존감이 살아날 때, 학생은 자신의 가능성을 믿기 시작합니다.

교실에서 감동이 살아날 때, 우리 사회는 다시 희망을 얻게 될 것입니다.

제3장

AI기반 사회의 필요한 인재상

1. AI시대, 인간의 가치를 묻다

인공지능(AI)이 사회 전반에 걸쳐 확산되면서 우리는 기술의 진보가 인간의 역할과 존재의 의미에 어떤 변화를 가져올지 진지하게 성찰해야 하는 시대에 들어섰다. AI는 단순 반복 작업을 넘어 창작, 판단, 의사결정 등 인간의 고유한 영역이라 여겨졌던 부분들까지 빠르게 침투하고 있다. 이와 같은 변화는 교육의 목적과 방법, 나아가 인간의 본질에 대한 질문을 던지게 한다.

인간은 단순히 정보를 처리하는 존재가 아니라, 감정과 도덕성, 공동체에 대한 책임의식을 지닌 존재다. AI는 데이터를 분석하고 예측하는 데 뛰어나지만, 공감하거나 윤리적 판단을 내릴 수는 없다. 이 점에서 교육은 AI가 도달할 수 없는 인간만의 고유한 가치를 어떻게 계발하고 확장할 것인지에 초점을 맞춰야 한다. 감성, 창의성, 비판적 사고, 윤리의식, 공감 능력은 미래 교육의 핵심 역량이며, 이는 기술이 아닌 인간 중심의 교육을 통해서만 길러질 수 있다.

1) 무엇이 인간을 인간답게 만드는가?

기계는 정보를 학습하고, 패턴을 인식하며, 반복을 통해 성능을 향상시킨다. 그러나 기계는 공감하지 않고, 윤리적 책임을 느끼지 않으며, 스스로의 존재 목적을 성찰하지 않는다. 인간은 스스로에게 의미를 부여하고, 타인의 감정을 이해하며, 공동체 안에서 '함께 살아가는 존재'로서 자신의 위치를 고민할 수 있는 유일한 존재다.

따라서 AI 시대에 오히려 더 강조되어야 할 것은 감성, 도덕성, 자율성, 창의성, 공동체적 책임감이다. 이러한 능력은 학습이나 연산을 통해 배양되는 것이 아니라 경험, 관계, 교육, 문화를 통해 형성된다. AI가 넘볼 수 없는 이러한 인간의 고유 가치를 어떻게 교육이 보존하고 확장할 것인가는 오늘날 교육의 가장 중요한 과제가 되었다.

2) 기술 발전 속 인간의 역할 재정의

산업혁명은 인간의 신체노동을 기계로 대체했고, 정보화 시대는 인간의 사고 일부를 알고리즘으로 이전시켰다. 이제 AI는 판단, 창작, 의사결정 영역까지 들어와 '인간 고유의 영역'이라 여겨졌던 부분조차 위협하고 있다.

이러한 흐름 속에서 우리가 해야 할 일은 인간의 역할을 축소하는 것이 아니라, 오히려 인간만이 할 수 있는 역할을 다시 발견하고 재정의하는 일이다.

이제 교사는 지식을 전달하는 존재가 아니라 학생의 내면을 성찰하게 하고, 가능성을 확장시켜주는 조력자가 되어야 하며, 학생은 정답을 암기하는 존재가 아니라 자신의 삶의 의미를 탐색하는 학습자로 전환되어야 한다.

결국 인간의 역할은 기술의 주인이자 설계자, 그리고 그것이 작동할 방향을 이끄는 윤리적 지휘자가 되어야 한다. 이 역할을 감당할 수 있도록 돕는 것이 바로 교육의 몫이다.

3) 교육이 묻고 교육이 답해야 할 질문

우리가 양성해야 할 인재는 기술을 따라가는 존재인가, 기술을 활용해 더 나은 세상을 설계할 수 있는 존재인가?

우리는 아이들에게 정보를 주입할 것인가, 스스로 사고하고 질문할 수 있는 힘을 길러줄 것인가?

AI가 할 수 없는 인간만의 가치, 이를 어떻게 교육 속에서 구현하고 확장할 것인가?

이 질문들에 대한 답은 결국 '교육의 중심에 무엇을 놓을 것인가'라는 철학적 고민으로 귀결된다. 단지 기술을 잘 다루는 사람보다,

기술을 올바르게 사용할 줄 아는 사람, 기술을 통해 타인과 더불어 살아가는 방식을 고민하는 사람, 기술로 공공선을 실현할 줄 아는 사람을 길러야 한다는 것이다.

4) 인간 중심 교육이 더 절실한 이유

AI가 지식과 정보를 대신 제공하는 시대일수록, 교육은 지식보다 사람에 집중해야 한다. 사람의 내면, 관계, 공동체, 책임, 윤리, 공감, 협력 같은 요소들은 AI가 구현할 수 없는 인간 고유의 영역이다. 그렇기에 우리는 교육을 통해 아이들에게 '어떤 인간이 될 것인가', '어떤 세상을 만들고 싶은가'를 질문할 수 있는 기회를 줘야하며, 이러한 철학적 성찰을 위한 시간과 공간, 관계와 경험을 교육이 제공해야 한다.

AI 시대가 우리에게 묻는 질문은 단순히 '기술을 어떻게 교육에 적용할 것인가'가 아니다. '우리는 무엇을 인간이라 부를 것인가', 그리고 '교육은 무엇을 위해 존재하는가'에 대한 깊은 성찰을 요구한다.

교육은 이제 단순한 지식 전달의 수단을 넘어, 인간의 의미와 존엄, 공동체적 책임을 가르치는 공간으로 거듭나야 한다.

AI 시대에 인간의 가치를 지키고 확장하는 교육, 그 철학적 기반위에 미래 교육의 혁신은 가능하다.

2. AI시대의 새로운 교육 패러다임

인공지능(AI)은 이제 단순한 도구를 넘어 인간의 사고와 창의성을 보조하는 존재로 자리 잡고 있다. 특히 생성형 AI 기술은 텍스트, 이미지, 음악, 프로그래밍 코드까지 창작하며 교육과 학습 방식에도 커다란 변화를 가져오고 있다. AI가 문제를 해결해주고, 논문을 요약하며, 학생들의 질문에 실시간으로 답변하는 시대가 열렸다. 이제 우리는 기존의 교육 방식을 그대로 유지할 것인지, 아니면 AI를 적극적으로 활용하여 새로운 교육 패러다임을 만들어갈 것인지 선택해야 한다.

1) 과거 교육 패러다임의 한계

지금까지의 교육은 산업화 사회의 요구에 따라 표준화와 획일화에 중점을 두었다. 지식 중심의 교육, 교과서 중심의 수업, 암기 위주의 평가 방식은 대량 생산체계의 인력을 효율적으로 양성하는 데에는 효과적이었다. 하지만 이런 구조는 창의성과 다양성을 억제하고, 학생 개개인의 삶과 연결되지 못하는 교육으로 이어졌다.

입시 중심 경쟁 교육은 청소년기의 자율성과 내면 성장을 방해하며, 교육을 '미래를 위한 준비'가 아닌 '현재를 소진하는 과정'으로 만들어왔다. 이러한 한계는 AI 시대에 더욱 두드러지게 드러난다. 정보는 이미 AI를 통해 실시간으로 접근 가능하며, 기존의 지식 중심 교육은 더 이상 교육의 경쟁력이 될 수 없다. 과거의 패러다임으로는 더 이상 미래를 준비할 수 없다.

2) 새로운 패러다임의 핵심 : 인간 중심의 교육

AI 시대의 새로운 교육 패러다임은 인간 중심 교육이다. 기술을 위한 교육이 아니라 인간을 위한 교육, 단순한 기능 습득이 아니라 삶의 의미와 방향을 성찰할 수 있는 교육으로 전환해야 한다.

인간 중심 교육의 핵심은 자기주도성, 관계 형성 능력, 창의적 문제 해결 능력이다. 이러한 역량은 강의나 일방적 정보 전달을 통해 길러지는 것이 아니라, 경험 기반의 학습, 협력적 학습, 프로젝트 중심 수업을 통해 형성된다. 학생은 지식을 수동적으로 받아들이는 존재가 아니라, 스스로 질문을 만들고 탐구하며 자신의 세계를 구성해 나가는 주체로 거듭나야 한다.

교사의 역할도 변화해야 한다. 더 이상 지식 전달자가 아닌, 학생의 잠재력을 이끌어내는 조력자, 성찰의 동반자로서의 교사가 요구된다. 교육과정도 학습자의 삶과 연결된 문제 중심으로 재구성되어야 하며, 다양한 학습 경로와 맞춤형 교육이 가능하도록 유연한 시스템이 구축되어야 한다.

3) AI가 바꾸는 교육의 현장

AI는 교육 현장에도 실질적인 변화를 불러오고 있다. 개별 맞춤형 학습, 학습 분석, 자동화된 평가, 디지털 튜터 등은 학습자 중심의 교육을 가능하게 만든다. 기술은 학습자의 수준과 속도에 맞춘 최적의 콘텐츠를 제공할 수 있고, 교사는 그 데이터를 바탕으로 학생의 강점과 약점을 정밀하게 파악할 수 있다.

또한, 가상현실(VR), 증강현실(AR), 메타버스 등은 시공간의 제약을 뛰어넘어 몰입감 있는 학습 환경을 제공하고 있다. 하지만 기술은 어디까지나 도구에 불과하다. 기술을 통해 무엇을 가르칠 것인지, 어떤 인간을 길러낼 것인지는 여전히 교육 철학의 몫이다.

AI는 교육의 효율성과 접근성을 높이는 데 기여하지만, 그것이 교육의 본질을 대신할 수는 없다. 우리는 기술의 도입과 함께 윤리적 성찰, 사회적 맥락, 인간 내면의 성장이라는 교육의 본질을 더욱 상소해야 한다.

3. AI가 바꾸는 학습환경

AI는 교육의 방식과 내용, 주체와 환경 전반에 걸쳐 근본적인 변화를 이끌고 있다. 단순한 기술의 도입을 넘어, 교육의 '철학'과 '구조' 자체를 다시 쓰고 있는 것이다. 교실은 더 이상 칠판과 분필만이 존재하는 공간이 아니며, 교사는 지식을 전달하는 유일한 존재가 아니다. AI는 이제 교육 현장에 깊숙이 들어와 학생 개개인의 학습을 지원하고, 교사의 역할을 재구성하며, 교육 시스템을 혁신하고 있다.

1) 개인 맞춤형 학습의 실현

가장 두드러진 변화는 개별화된 학습 지원의 가능성이다. 과거에는 한 교실 안에서 다양한 학습 수준의 학생들에게 동일한 내용을 일괄적으로 전달하는 것이 일반적이었다. 그러나 AI는 학습자의 이해도, 학습 속도, 관심사 등을 분석해 개인화된 교육 콘텐츠를 제공할 수 있다.

예를 들어, AI 기반 수학 학습 플랫폼인 '큐브잇(Cuebit)'이나 '콩고(ConGgo)'와 같은 시스템은 학생의 오답 패턴을 분석해 학습 빈틈을 찾아내고, 그에 맞는 문제를 제시함으로써 효과적인 개별 학습을 가능하게 한다. 이는 교사의 피드백이 미치지 못하는 영역까지 학습자 지원을 확장시킨다는 점에서 의미가 크다.

2) 교사의 역할 재정립

AI는 교사를 대체하는 것이 아니라, 교사의 기능을 변화시키고 있다. 지식을 단방향으로 전달하는 교사에서 벗어나, AI 도구를 활용해 학생의 학습 상태를 실시간으로 모니터링하고, 학습 전략을 설계하는 '퍼실리테이터(facilitator)', 또는 '학습 디자이너'로서의 역할이 강조된다.

AI 기반 학습분석(Learning Analytics)을 통해 교사는 학생의 집중도, 학습 진도, 이해 수준 등을 시각화된 데이터로 확인하고, 더 정밀한 개입과 피드백을 제공할 수 있다. 동시에 학생 간 협력학습 프로젝트 기반 학습 등 인간 중심 활동에 더 많은 시간을 할애할 수 있다. 기술이 교사의 부담을 줄이고, 인간적 상호작용을 회복시키는 데 기여하는 셈이다.

3) 학습 환경과 교실의 변화

AI는 물리적 교실의 경계를 허물고 있다. 팬데믹 이후 급속히 확산된 원격수업과 하이브리드 수업은 AI 기술의 발달과 맞물려 더욱 정교화되고 있다. AI 기반 자동 출결 관리, 음성 인식, 실시간 자막, 요약 제공 등은 비대면 수업의 품질을 높이는 데 기여하고 있으며, 메타버스 교실이나 디지털 트윈 기술은 몰입감 있는 학습 공간을 제공하고 있다.

또한 AI 챗봇을 활용한 실시간 질문응답 서비스는 교실 수업 외 시간에도 학습자의 궁금증을 해소해 준다. 과거에는 학교나 교사가 물리적으로 부재한 시간대에 학습이 단절되는 일이 잦았으나, AI는 언제 어디서나 학습을 지속할 수 있는 '학습의 연속성'을 제공한다.

4) 평가 시스템의 혁신

기존 평가방식은 정답 중심의 지필고사에 의존해왔다. 그러나 AI는 과정 중심 평가와 형성평가의 자동화를 가능하게 만든다. 학습 중 발생한 모든 데이터를 바탕으로 학습자의 성장 과정을 추적하고, 그에 따라 피드백을 제공하는 것이 가능해졌다.

예를 들어, AI는 학생의 에세이를 문법, 논리, 표현력 등 다양한 기준에 따라 자동 평가할 수 있고, 코딩 교육에서는 코드 실행 결과뿐 아니라 문제 해결 전략까지 분석해 피드백을 제공할 수 있다. 이는 단순 점수를 넘어 학습자의 사고력과 문제해결 능력을 평가하는 데 유용하다.

5) 교육 격차 해소를 위한 가능성

AI는 지역·계층 간 교육 격차 해소에도 기여할 수 있다. 우수 교사 부족이나 학습 자원 편차로 인한 불평등 문제를 AI 기술로 일정 부분 완화할 수 있는 것이다. 예를 들어, AI 튜터는 농어촌이나 도서 지역 학생들도 고품질의 학습 지원을 받을 수 있게 하고, 시각장애인 등 학습에 제약이 있는 학생에게는 AI 기반 음성 안내, 텍스트 변환 등의 기능이 큰 도움이 된다.

단, 이 경우 AI 기술에 접근할 수 있는 인프라와 디지털 역량이 전제되어야 하며, 그렇지 않으면 오히려 새로운 디지털 격차를 낳을 수 있다는 점에서 정책적 보완이 필요하다.

6) 새로운 도전과 과제

한편, AI의 도입이 가져오는 부작용과 윤리적 문제도 함께 고민해야 한다. 개인정보 보호, 학습 데이터의 신뢰성, 알고리즘의 공정성 문제 등은 여전히 미해결 과제다. AI가 제안하는 학습 방향이 편향되거나, 특정 사고방식을 강화하는 결과를 낳을 수 있다는 점에서도 경계가 필요하다.

또한 교사와 학부모, 학생의 AI 리터러시(AI 이해 및 활용 능력) 향상이 병행되어야 기술이 교육 현장에 성공적으로 정착할 수 있다. 단순한 도구가 아닌 '교육적 동반자'로 AI를 활용하기 위해서는 디지털 윤리, 기술 활용 역량, 평가 기준에 대한 사회적 논의가 선행되어야 한다

7) 새로운 교육 시스템의 설계방향

미래를 위한 교육 시스템은 유연성과 포용성을 핵심 가치로 삼아야 한다.

첫째, 맞춤형 교육 체제가 필요하다. 학생 각자의 관심사와 학습 방식, 진로 방향에 따라 다양한 선택이 가능해야 하며, 이를 위해 학점제, 진로 탐색 중심 교육과정, 디지털 플랫폼을 활용한 학습 경로 제공이 필요하다.

둘째, 학교 밖 학습을 제도적으로 인정해야 한다. 지역 사회, 기업, 온라인 학습 플랫폼 등 다양한 학습 자원을 활용할 수 있도록 하고, 이를 학교 교육과 연계할 수 있는 체계를 구축해야 한다.

셋째, 평가의 패러다임 전환이 필요하다. 단편적 지식 암기가 아닌, 사고력, 협업 능력, 프로젝트 결과 등을 반영하는 과정 중심 평

가, 서술형 평가, 포트폴리오 평가로의 전환이 필요하다. 평가의 목적은 선발이 아니라 성장을 위한 피드백이어야 한다.

넷째, 교사의 전문성 강화와 재교육 체계를 확립해야 한다. 변화된 교육 환경 속에서 교사도 지속적인 학습과 역량 개발이 필요하며, 이를 국가가 정책적으로 뒷받침해야 한다.

AI는 교육을 위협하는 존재가 아니라, 교육을 새롭게 디자인할 수 있는 기회다. 다만 그 전제가 되는 것은 인간에 대한 깊은 이해와 교육 철학의 재정립이다. 우리는 지금 이 순간, 기술 중심의 교육에서 인간 중심의 교육으로, 정보 중심 교육에서 성찰 중심 교육으로 전환해야 한다. 그것이 AI 시대를 살아갈 다음 세대에게 우리가 줄 수 있는 가장 큰 선물이며, 교육의 본령을 지키는 길이다. AI 기술은 전통적인 교실 수업의 개념을 넘어선 새로운 학습 환경을 만들어내고 있다. 과거에는 교사 중심의 일방향 수업이 중심이었다면, 이제는 AI 기반의 맞춤형 학습 플랫폼이 학생 한 명 한 명의 학습 속도, 이해도, 흥미를 분석하여 최적화된 학습을 지원한다. 예를 들어, AI 튜터는 학습자의 오답 유형을 분석해 취약한 부분을 집중적으로 학습하도록 돕고, 학생이 관심 있는 주제를 중심으로 수업을 구성하기도 한다.

또한, 가상현실(VR), 증강현실(AR), 메타버스와 같은 기술들과 결합하면서 학습은 더 이상 공간의 제약을 받지 않는다. 교실은 물리적 장소를 넘어 디지털 공간으로 확장되고 있으며, 이는 다양한 경험 기반 학습을 가능하게 한다. 교사 또한 단순한 정보 전달자가 아닌 학습 조력자이자 큐레이터로서의 역할로 전환되고 있다.

4. 창의성과 비판적 사고, 인간의 역할

학교 교육은 어떻게 바뀌어야 하는가?

AI 시대가 요구하는 인재는 단순한 지식 암기형 인간이 아닌, 문제를 새롭게 정의하고 창의적으로 해결할 수 있는 창의적 사고자, 그리고 AI가 제공하는 정보에 대해 비판적으로 해석할 수 있는 비판적 독립 사고자다. 그러므로 학교 교육은 기존의 주입식, 정답 중심 교육 패러다임을 근본적으로 탈피해야 한다.

1) 문제 중심 학습(PBL : Problem-Based Learning)의 확대

학교 수업은 더 이상 정답을 가르치는 곳이 아니라, 문제를 발견하고 질문을 던지는 공간이어야 한다. 현실의 문제를 중심으로 다양한 해답을 탐색하게 하는 PBL 수업은 창의성과 비판적 사고를 동시에 기르는 효과적인 방법이다. 특히 수학, 과학, 사회, 문학 등 교과 간 통합적 수업이 강조되어야 하며, 프로젝트를 기반으로 협업하고 토론하는 과정이 중요하다.

2) 탐구와 실험 중심의 수업 구조 재편

학생이 스스로 가설을 세우고, 실험하고, 그 결과를 해석하는 탐구 수업은 창의성을 길러준다. AI는 정보를 제공할 수 있지만, 창의적 연결과 새로운 의미를 만드는 것은 인간의 몫이다. 교사는 질문을 던지고, 학생은 스스로 사고하며 답을 찾아가는 구조로 전환해야 한다.

3) 토론과 글쓰기, 표현 중심의 언어 교육 강화

비판적 사고의 근간은 의견을 구성하고 표현하는 능력이다. 이를 위해 학생들은 더 많이 읽고, 쓰고, 말하고, 듣는 경험을 해야 한다. 국어뿐 아니라 사회, 윤리, 과학 등 다양한 교과에서 토론 수업과 논술, 에세이 작성, 발표 활동이 강화되어야 한다.

4) 실패와 도전을 허용하는 학습 환경 조성

창의성과 비판적 사고는 실수와 시행착오 속에서 길러진다. 그러나 지금의 교육은 정답 중심, 성적 중심의 경쟁 시스템 속에서 실패를 허용하지 않는 문화가 만연해 있다. 학교는 '틀려도 괜찮다', '다르게 생각해도 된다'는 분위기를 조성해 학생들의 도전정신과 탐색 능력을 길러야 한다.

5) 정서적 안전망과 신뢰 기반의 교사 – 학생 관계 구축

창의성과 비판적 사고는 자율성과 심리적 안정을 전제로 한다. 학생이 스스로 질문하고 사고하려면, 교사로부터 존중과 지지를 경험해야 한다. 교사는 일방적인 지식 전달자가 아니라, 학생의 성장을 돕는 동반자이며, 격려자여야 한다. 학교는 관계 중심의 교육 공동체로 거듭나야 한다.

"배우는 자는 가르치는 자를 넘지 못한다."

교육의 질은 교사의 질을 넘지 못하며, 창의성과 비판적 사고의 교육은 교사부터 이러한 역량을 갖추고 이를 실천할 수 있어야 한다는 점을 상기해야 한다.

결국, AI 시대에도 인간의 가치는 더욱 빛나야 하며, 학교는 '창의성'과 '비판적 사고'를 길러주는 진정한 배움의 공간으로 진화해야 한다. 이러한 교육 혁신이야말로 AI 시대를 살아갈 미래 세대를 위한 필수적인 준비다.

5. AI를 활용한 교육 혁신, 어떻게 할 것인가?

AI는 교육의 효율성을 높이는 수단인 동시에 교육 본연의 가치를 되살리는 기회이기도 하다. 이를 위해 다음과 같은 방향의 혁신이 필요하다.

첫째, AI 교육 플랫폼의 공공성과 접근성 강화다. 공교육 차원에서 누구나 AI 기반 학습을 누릴 수 있도록 보장해야 하며, 지역 간, 계층 간 정보 격차가 발생하지 않도록 해야 한다.

둘째, 교사의 역할 변화와 역량 강화가 중요하다. AI는 교사의 업무를 보조하는 도구로 활용되어야 하며, 교사는 학습자 중심 수업을 설계하고 정서적 지지와 개별 피드백을 제공하는 역할에 집중할 수 있도록 해야 한다. 이를 위해 교사 대상의 AI 리터러시 교육도 반드시 병행되어야 한다.

셋째, AI 윤리 교육의 강화다. AI의 활용이 확대될수록 정보의 편향, 사생활 침해, 알고리즘의 불투명성 등의 문제가 제기될 수 있으므로, 학생들이 올바른 디지털 시민으로 성장할 수 있도록 윤리적 소양을 함께 가르쳐야 한다.

넷째, AI를 활용한 진단·평가 시스템의 혁신이다. 기존의 획일적인 평가가 아닌, 학습자의 성장 과정과 역량을 다면적으로 분석하고 지원하는 평가 체계로 나아가야 한다. AI는 학습 데이터 기반으로 형성적 피드백을 제공하고, 개인 맞춤 진로 설계를 가능하게 한다.

이처럼 AI는 교육의 형태를 전면적으로 변화시키고 있으며, 인간 고유의 능력과 AI 기술이 상호보완적으로 작동하는 체계를 마련해야 미래 인재 양성이 가능할 것이다.

AIDT(인공지능 디지털 교과서) 추진의 문제점·추진방안?

"기술은 수단일 뿐, 목적이 되어선 안 된다. 교육의 목적은 인간을 키우는 것이다."

                           - 故 이오덕, 교육운동가

인공지능디지털 교과서(AIDT)는 단순한 기술 혁신을 넘어 교육의 철학과 가치관을 새롭게 성찰하게 만드는 시대의 거울입니다. 우리는 지금 디지털 전환의 한복판에 서 있고, AI와 같은 새로운 도구는 교육의 형식뿐 아니라 내용과 본질을 바꾸고 있습니다. 하지만 기술의 진보만으로는 좋은 교육, 의미 있는 배움을 담보할 수 없습니다.

기술 중심이 아니라, 학생 중심의 교육으로 AI는 빠릅니다. 인간은 느립니다. 그러나 교육은 인간을 위한 것입니다. 학생 한 명 한 명의 속도와 관심, 배움의 차이를 존중하는 것이 AI 디지털 교과서의 진짜 출발점이어야 합니다.

"교육은 속도의 문제가 아니라 방향의 문제다."

                             - 오세정, 전 서울대 총장

속도 경쟁에 몰두한 나머지 교육의 철학과 목적을 놓친다면, AI 도입은 오히려 혼란을 낳을 뿐입니다. 격차를 줄이는 기술이어야 합니다. 디지털 기술은 교육의 기회를 확대하는 동시에 새로운 '디지털 격차'를 낳을 위험도 내포하고 있습니다. 지역 간, 계층 간 디지털 리터러시의 차이는 현실입니다.

"기회의 평등이 담보되지 않은 교육 혁신은 또 다른 차별일 뿐이다."
-저자, 류수노

AIDT는 모두가 접근 가능한 기술, 모두가 쓸 수 있는 교재여야 합니다. 수도권과 지방, 공립과 사립, 중산층과 저소득층 아이들 사이에 AI 학습의 문턱이 생겨서는 안 됩니다.

"AI가 교사를 대신하지 못한다. 다만 교사의 역할을 다시 묻는다."
-Sal Khan, 칸 아카데미 창립자

AI는 교사의 존재를 대체할 수 없습니다. 교사는 여전히 배움의 '설계자'이자 '촉진자'이며, 학생과 감정을 교류하고 삶을 안내하는 존재입니다. AI 교과서가 교사의 역할을 더 창의적으로 만들고, 교육의 본질에 집중할 수 있는 여지를 넓혀야 합니다. 이를 위해서는 교사를 위한 디지털 역량 강화, 교과서 설계 참여, 현장 중심의 교육 정책 지원이 절실합니다.

철학없이 도입하면 교육이 흔들립니다. 기술을 빠르게 적용하는 것보다, 그 기술을 왜, 어떻게 쓰는지에 대한 공감과 철학이 더 중요합니다. AI 디지털 교과서를 도입하면서도 교육의 공공성과 책무성, 나아가 교육의 인간 중심성을 잃어서는 안 됩니다.

"사람이 기술을 통제하지 못하면, 기술이 사람을 지배한다."

-이진우, 철학자

AIDT, 지금 우리에게 묻는다. AIDT는 단지 AI 교과서를 뜻하는 줄임말이 아닙니다. 이제는 이렇게 읽어야 합니다.

A : All - 모두를 위한

I : Inclusive - 포용적인

D : Digital - 디지털

T : Transformation - 전환

즉, '모두를 위한 포용적인 디지털 전환'이 지금 우리가 만들어가야 할 교육의 방향입니다.

"교육은 희망을 만드는 일이다."　　　　　-파울로 프레이리

AI 디지털 교과서가 희망을 품은 기술이 되려면, 학생에게는 미

래를 꿈꿀 기회, 교사에게는 창의적 가르침의 자유, 학부모에게는 공교육에 대한 신뢰를 줄 수 있어야 합니다.

우리가 교육에 기술을 도입하는 이유는 더 나은 배움, 더 나은 사회, 더 나은 인간을 만들기 위함입니다. 그것이 바로 시대정신입니다.

AI 디지털 교과서 도입은 단순한 정책이 아니라 철학의 전환입니다. 기술이 목적이 되어서는 안됩니다. 기술은 늘 사람을 위한 것이어야 합니다. 지금 우리가 해야 할 일은, 교육을 기술보다 먼저 생각하는 것, 그리고 사람을 기술보다 더 소중히 여기는 것입니다. AIDT는 시대정신을 담은 교과서여야 합니다. 그것이 우리 아이들의 미래를 지키는 길입니다.

"기술은 수단이지 목적이 아니다. 중요한 건, 그 기술로 무엇을 배우고, 누구와 함께 성장하는가이다."

1. AIDT도입, 무엇이 문제인가?

1) 제도적 준비 부족

아직까지 'AIDT법'과 같은 명확한 법적 근거와 운영 지침이 마련되어 있지 않습니다. 교육현장의 수용성 확보 없이 일방적인 정책 추진이 이뤄지고 있습니다.

2) 인프라 불균형

디지털 기기 보급은 증가했지만 인터넷 접근성과 기기 사용 능력의 격차는 여전합니다. 교사마다 디지털 교육 역량 차이도 커, 현장의 활용 격차가 심합니다.

3) 콘텐츠의 질과 다양성 부족

현재 디지털 교과서 콘텐츠는 표준화된 형식 위주로 구성되어 있어, AI를 통한 '맞춤형' 학습에 최적화되어 있지 않습니다.

2. 실효성 있는 추진방안?

1) 디지털 격차 해소를 위한 전방위 지원

• 기초 인프라 보완 : 전 학생에게 스마트기기 지급과 안정적 인터넷 환경 구축

• 교사 대상 디지털 역량 강화 연수 의무화

• 디지털 튜터(지원교사) 제도 도입 : 디지털 소외 학생 및 교사 대상 지원

2) AIDT 콘텐츠의 맞춤형 설계

• AI 기반 적응형 학습 콘텐츠 확대 : 학생의 학습 이력, 흥미, 난이도에 따라 콘텐츠 자동 조정

• 문제해결 중심의 실습형 콘텐츠 강화

• 공공과 민간의 협력 체계로 콘텐츠 다양성과 품질 제고

3) 법·제도 정비 및 실증학교 중심의 단계적 도입, 'AIDT 운영 및 활용법' 제정 : 국가 차원의 운영 기준 마련

• 선도학교 중심의 시범운영 확대 : 다양한 지역과 규모의 학교

에서 실증적 연구 추진

- 학교 현장의 자율성 보장 : '선택적 도입'과 '혼합 학습'(Hybrid Learning) 병행

4) AIDT와 연계한 학습평가 체계 개편

- 진단·피드백 중심의 과정중심 평가 도입
- AI가 제공하는 학습 리포트를 평가에 반영
- 단순 시험 중심에서 학습 성과 기반 평가로 전환

AIDT는 도구다, 교육의 본질은 여전히 사람이다. AI와 디지털 기술은 교육의 새로운 가능성을 열어주는 도구이다. 그러나 그 본질은 학생이 주체가 되는 배움의 여정에 있다. AIDT는 교육의 공정성과 효율성을 높이는 열쇠이지만, 그 열쇠를 어떻게 사용하느냐는 결국 교사와 학생, 그리고 교육 공동체 전체의 선택에 달려 있습니다.

"기술로 배움의 길을 열되, 사람으로 그 길을 걷게 하라."

－『AI 시대의 교육 철학』 중

"AI시대, 모두가 함께 오를 수 있는 미래 교육의 사다리로서 디지털 격차없는 공정한 배움이 요구됩니다."

-저자 류수노

제4장

무너진 교육 사다리의 복원

1. 교육 사다리 붕괴의 원인

한때 대한민국은 '개천에서 용 난다'는 말을 통해 교육을 통한 계층 상승이 가능하다는 희망을 품었다. 그러나 오늘날 교육사다리는 점차 붕괴되고 있으며, 교육이 더 이상 공정한 출발선이 되지 못한다는 현실에 많은 국민들이 좌절하고 있다. 교육을 통해 누구나 노력하면 성공할 수 있다는 신념이 흔들리게 된 데에는 여러 구조적인 원인이 복합적으로 작용하고 있다.

1) 부모의 사회 경제적 지위에 따른 학력 격차

가장 큰 원인은 가정 배경에 따른 교육격차이다. 소득 수준이 높은 가정은 자녀에게 양질의 사교육, 풍부한 문화 경험, 안정된 주거 환경을 제공할 수 있다. 반면 저소득층 가정의 아이들은 학습 공간,

돌봄 서비스, 정보 접근에서부터 차별을 경험하며 경쟁에서 불리한 위치에 놓인다. 이로 인해 부모의 사회경제적 지위가 자녀의 교육 수준과 미래 기회를 결정짓는 현상이 고착되고 있다.

2) 공교육의 신뢰 저하

과거에는 공교육만으로도 좋은 성과를 낼 수 있었지만, 이제는 공교육의 역할에 대한 신뢰가 떨어지면서 사교육 의존도가 급격히 증가했다. 이는 경제적 여유가 있는 가정일수록 유리한 구조를 만들었고, 상대적으로 공교육에 의존할 수밖에 없는 학생들은 경쟁에서 밀릴 수밖에 없는 악순환이 계속되고 있다.

3) 대입제도의 복잡성과 불공정성

수시와 정시, 학생부 종합전형, 특기자 전형 등 복잡하고 다양한 대학입시제도는 부모의 정보력, 자본력, 기획 능력에 따라 결과가 크게 달라진다. 부모가 적극적으로 개입하고 전략을 세울 수 있는 환경이 유리하며, 이는 교육 사다리의 기능을 무력화시키는 또 하나의 요인이 되고 있다.

4) 지역 간 교육 불균형

교육의 기회는 지역 간에도 불균형하게 분포되어 있다. 수도권과 비수도권, 도시와 농·산·어촌 지역 간의 학교 환경, 교사 수준,

진학 정보 등에서 큰 차이가 발생하며, 이는 교육 기회의 불평등을 더욱 심화시키고 있다.

2. 줄어든 개천용

한때 대한민국은 '개천에서 용 난다'는 말이 자연스럽게 통용되던 사회였다. 어려운 가정환경에 처한 이들이 교육을 통해 사회적 계층을 상승시키는 것이 가능했고, 그것은 곧 교육의 힘이자 공정한 사회의 상징이었다. 그러나 최근 들어 이러한 '개천용'의 출현은 현저히 줄어들고 있다.

1) 교육격차의 심화

교육이 더 이상 계층 이동의 수단이 되기 어렵게 된 가장 큰 이유는 사교육을 기반으로 한 교육격차의 심화다. 가정의 소득 수준에 따라 교육 기회의 질과 양이 달라지면서, 상위 소득계층은 맞춤형 입시전략, 조기유학, 고급 사교육 등을 통해 자녀의 학업 성취를 뒷받침할 수 있지만, 저소득 가정의 아이들은 상대적으로 제한된 자원과 기회 속에서 경쟁해야 한다.

2) 지역 간 교육 불균형

'강남 8학군'으로 대표되는 지역 간 학군 격차 역시 개천용의 등장을 어렵게 만드는 구조다. 명문대 진학률이 높은 지역은 주거비용 자체가 높아 사회경제적 배경이 좋은 계층만이 진입 가능하다. 반면 교육 인프라가 부족한 지역에서는 양질의 교육을 받기 어려우며, 이로 인해 진학 성과 역시 제한적일 수밖에 없다.

3) 공교육만으로는 부족한 현실

공교육이 과거보다 포괄적인 학습 기회를 제공하고 있음에도, 입시의 현실은 점점 더 복잡해지고 다층화되고 있다. 정규 수업만으로 대입 경쟁에서 우위를 점하기 어려운 구조는 '사교육 없는 교육 성공'을 사실상 불가능하게 만든다. 이는 부모의 재력과 정보력이 자녀의 진로에 직접적인 영향을 미치는 구조를 고착화시키고 있다.

4) 상대평가 중심의 평가 체제

대입을 비롯한 주요 선발 과정이 여전히 상대평가에 기초하고 있다는 점도 문제다. 절대적 성취보다 상위 몇 % 안에 들어야 하는 경쟁 체제에서는, 이미 유리한 출발선에 있는 학생이 절대적으로 유리하다. 이로 인해 교육을 통한 역전은 점차 희귀한 사례가 되어가고 있다.

5) 계층의 고착화와 청년세대의 좌절

이러한 구조는 교육을 통한 계층 이동의 가능성을 약화시킬 뿐 아니라, 청년 세대의 좌절감과 무기력으로도 이어지고 있다. '열심히 해도 안 된다'는 인식은 학습동기 저하로 이어지고, 이는 다시 교육 성취도 저하를 불러오는 악순환으로 연결된다.

요약하자면, 줄어든 개천용은 단지 '성공한 이야기'의 부재가 아니라, 교육을 통한 사회정의 실현이 점차 어려워지고 있다는 신호다. 따라서 교육정책은 단지 성적 향상만이 아니라, 교육 기회의 공정성 회복과 계층 이동 가능성의 복원을 중심에 두어야 할 것이다.

3. 금수저에 유리한 대입제도

대한민국의 대학입시제도는 지난 수십 년간 지속적인 개편을 거쳐 왔지만, 그 과정에서 공정성과 형평성에 대한 논란은 여전히 해소되지 않고 있다. 특히 최근의 대입 구조는 사회경제적 배경이 우월한 이들에게 절대적으로 유리하게 작용하고 있다는 점에서 심각한 우려를 낳고 있다.

1) 수시 중심의 복잡한 전형 구조

현행 대입제도는 수시와 정시로 이원화되어 있으며, 특히 수시전형은 학생부종합전형, 학생부교과전형, 논술전형 등 다양하고 복잡한 평가 요소를 포함한다. 이러한 구조는 준비 과정에서 많은 시간과 정보, 전략이 필요하며, 자연스럽게 사교육의 개입 여지가 커진다. 특히 학생부종합전형(학종)의 경우, 정성평가 요소가 많아 입시 컨설팅, 비교과 활동, 자기소개서 지도 등에서 금수저 가정의 지원이 강력한 무기가 된다.

2) 정보력과 컨설팅의 불균형

부모의 학력과 정보력이 높은 가정일수록 입시제도에 대한 이해도가 높고, 맞춤형 전략 수립이 가능하다. 반면 일반 가정이나 정보 소외 계층은 입시제도의 복잡함 자체가 장벽이 되며, 이에 따라 공정한 경쟁이 이뤄지기 어렵다. 결과적으로 '전략적 입시'가 가능한 환경이 성패를 좌우하는 구조가 정착되고 있다.

3) 고액 사교육의 효과

논술, 면접, 비교과 활동, 자기소개서 등을 준비하는 과정에서 전문 사교육의 개입은 점점 더 정교화되고 있으며, 이는 상당한 비용을 수반한다. 일부 고액 컨설팅 업체는 수천만 원대의 종합 입시 패키지를 제공하기도 한다. 경제적 여유가 있는 가정만이 고가의 입시 설계를 통해 유리한 고지를 선점할 수 있게 되는 현실은 교육의 기회균등 원칙을 무너뜨리고 있다.

4) 정시 확대의 양면성

최근 정부는 공정성을 강화하겠다며 정시 비율 확대를 추진하고 있지만, 수능 중심의 정시는 사교육의 또 다른 집중을 유발하고 있다. 특히 수능 상위권을 위한 전문 학원과 과외 시장은 이미 정시 대비에 최적화된 시스템을 구축하고 있으며, 역시 금전적 투자가 가능한 계층에게 유리하게 작용한다. 즉, 정시든 수시든 금수저에게 유리한 구조는 크게 다르지 않다는 것이 현실이다.

5) 대학별 자율 전형의 폐단

대학이 자율적으로 전형을 설계할 수 있도록 허용된 점도 문제다. 일부 대학은 입시 경쟁력을 높이기 위해 고교 연계 프로그램이나 특정 활동을 강조하며, 이는 결과적으로 일반 고교 학생보나는 특목고나 자사고 등 특정 고교 출신 학생들에게 유리한 전형 환경을 조성하게 된다. 이 역시 교육 불평등의 또 다른 얼굴이라 할 수 있다.

4. 좌절하는 청년세대

오늘날 대한민국의 청년세대는 과거 어느 세대보다 높은 학력을 갖추고 더 많은 노력을 기울이고 있음에도, 사회적 보상과 미래에 대한 희망을 얻지 못하고 있다. 교육을 통한 계층 상승의 가능성,

즉 '교육 사다리'가 무너진 지금, 청년들의 좌절감은 심화되고 있으며 이는 단지 개인의 문제가 아닌 사회 전체의 지속 가능성을 위협하는 구조적 문제로 대두되고 있다.

1) 높은 학력, 낮은 기회

청년들은 초등학교부터 대학까지 장시간에 걸쳐 치열한 경쟁과 과도한 학습에 노출되어 왔지만, 그 결과는 기대와 다르다. 대학 졸업 후에도 취업 문은 좁고, 안정적인 일자리는 소수에게만 허락된다. 특히 지방대 졸업생, 전문대 졸업생의 경우 출발선부터 차별을 경험하고 있으며, 이는 '학력 인플레이션'과 '스펙 경쟁'의 악순환을 불러온다.

2) N포 세대의 확산

청년들은 이제 연애, 결혼, 출산, 내 집 마련, 인간관계, 꿈 등을 포기한다는 의미의 'N포세대'로 불린다. 이들은 정규직 일자리, 주거 안정, 사회적 인정 등 기본적인 삶의 기반조차 스스로 확보하기 어렵다고 느끼며, 사회에 대한 신뢰와 소속감이 약화되고 있다. 그 결과, 청년층의 정치적 무관심, 이탈, 우울감, 정신건강 문제가 점점 심각해지고 있다.

3) 불공정에 대한 민감성과 분노

청년들은 불공정에 매우 민감하다. 취업 시장에서 벌어지는 부모 찬스, 인턴 특혜, 입시 비리 등의 사건은 이들에게 깊은 좌절감을 안긴다. '공정'은 청년 담론의 핵심 키워드가 되었으며, 기회 불균형에 대한 분노는 때로는 극단적인 사회적 반감으로 표출되기도 한다. 정책 신뢰를 회복하지 못하면 청년층의 이탈은 더욱 가속화될 것이다.

4) 능력주의의 허상

대한민국 사회는 오랫동안 '능력주의'를 기반으로 노력하면 성공할 수 있다는 신화를 강조해 왔다. 그러나 청년들은 이제 이 신화가 금수저와 흙수저의 구조적 격차를 은폐하는 허상임을 체감하고 있다. 같은 노력에도 결과는 불평등하게 나타나고, 이는 청년들의 자존감과 자아효능감을 위축시키는 요인으로 작용하고 있다.

5) 사회적 자본의 격차

청년 간의 격차는 단지 물리적 자산에서 끝나지 않는다. 인적 네트워크, 가족 배경, 문화자본의 차이는 진로 설계와 취업, 창업 등의 과정에서 결정적인 영향을 미친다. 특정한 교육적 배경과 가정환경을 가진 청년들이 더 유리한 출발선에 서게 되며, 이로 인해 청년 내부의 양극화 현상 또한 심화되고 있다.

요컨대, 청년세대의 좌절은 단순한 경제적 어려움이 아닌, 사회 전반에 대한 불신과 고립감으로 확산되고 있다. 이는 교육시스템의 구조적 문제, 노동시장의 경직성, 계층 간 이동의 단절 등과 긴밀하게 얽혀 있다. 청년에게 희망을 줄 수 있는 교육·고용·주거 정책의 전면적 재설계가 시급하며, 그 첫걸음은 교육 사다리의 복원과 공정한 경쟁의 회복이 되어야 한다.

5. 교육사다리 복원을 위한 과제

대한민국 교육의 근간이 되어야 할 교육사다리가 무너지고 있다. 누구나 출발선은 다를 수 있지만 노력에 따라 계층 이동이 가능한 사회, 교육을 통한 희망이 가능한 구조를 회복하지 못한다면 청년세대는 더욱 절망할 것이고, 사회의 지속 가능성 또한 위협받게 된다. 교육사다리를 복원하기 위해서는 다음과 같은 다섯 가지 핵심과제를 중심으로 종합적인 개혁이 필요하다.

1) 공교육의 신뢰 회복
- 공교육을 사교육의 대체가 아닌 경쟁력 있는 중심 교육체계로 탈바꿈해야 한다.
- 수업의 질 향상, 교사의 전문성 제고, AI 기반 맞춤형 학습 시스템을 도입하여 학교에서 배워도 충분하다는 인식을 심어줘

야 한다.

- 특히 교육격차가 심화된 농·산·어촌, 저소득 지역 학생들에게 질 높은 공교육 기회를 제공해야 한다.

2) 공정한 입시제도 정비

- 학생부종합전형의 불투명성과 부모 배경에 따른 불평등 유발 요소를 제거해야 한다.
- 정시와 수시의 균형, 정보의 투명한 공개, 지역·계층별 특수성을 고려한 기회 보장이 필요하다.
- 지역 인재 특별전형, 사회 통합전형 등을 더욱 정교하게 설계하여 실질적 교육 기회 균등을 실현해야 한다.

3) 교육복지 확대와 맞춤형 지원 강화

- 교육 사각지대에 있는 청소년, 학교 밖 청소년, 다문화 가정 학생 등에 대한 지속적 교육지원이 중요하다.
- 디지털 기기 지원, 온라인 튜터링, 멘토링 프로그램 등 다양한 형태의 맞춤형 교육복지 정책을 확대해야 한다.
- 무상급식, 무상교육을 넘어, 교육비 부담을 줄이는 실질적 정책 지원이 강화되어야 한다.

4) 직업교육과 대안교육의 다원화

- 일반고 중심의 입시 시스템만으로는 다양한 잠재력을 살릴 수 없다.
- 마이스터고, 특성화고, 직업계고에 대한 사회적 인식 개선과 진로 연계 강화, 고졸 취업 인센티브 제도 확충이 필요하다.
- 대안학교, 온라인 교육 등 다양한 교육 경로를 제도권 안에서 인정하고 적극 지원해야 한다.

5) 사회적 연계와 교육-고용 연계 강화

교육의 목표는 학습 자체가 아니라 삶의 기회 확대여야 한다. 따라서 교육은 고용, 창업, 사회참여와 연계되어야 한다.

지역 대학과 기업, 공공기관이 협력하는 지역 기반 교육-고용 연계 모델을 구축해야 한다.

청년 취업사관학교, 지역혁신캠퍼스, AI교육 플랫폼 등 다양한 매개를 통해 학습이 실질적 기회로 전환되도록 지원해야 한다.

교육사다리의 복원은 단순한 입시제도 개편이나 제도 개선만으로 이뤄질 수 없다. 사회적 불평등을 극복하려는 국가의 확고한 의지, 모든 아이에게 공정한 기회를 주는 교육 철학, 그리고 사회 구성원 전체의 연대와 협력이 필요하다. 교육은 단순한 지식 전달이 아니라, 국가의 희망을 잇는 사다리이자 다음 세대를 위한 약속이다. 이제 다시, 그 사다리를 튼튼히 세울 때다.

교육복지, 진정한 평등에서 출발한다

"진정한 평등은 기회의 평등에서 시작되어 결과의 존엄으로 완성된다."

대한민국은 교육을 통해 계층이동을 실현했던 대표적인 국가입니다. 그러나 오늘날 교육은 오히려 격차를 재생산하는 통로가 되고 있다는 자성의 목소리가 높습니다. 이는 단순한 제도의 문제가 아니라, 교육과 복지, 평등이라는 사회적 가치의 연결고리가 약해졌기 때문입니다.

교육과 복지가 따로가 아닌 함께 가야 합니다. 교육과 복지는 뚜렷이 분리된 개념이 아닙니다. 가난이 학습 결손으로 이어지고, 교육 기회의 차이가 다시 빈곤의 재생산으로 연결되는 구조 속에서 복지는 교육의 토대가 되고, 교육은 복지를 넘어서 자립과 성장의 사다리가 되어야 합니다. 특히 소외 계층, 다문화 가정, 장애 학생, 농·산·어촌 학생들에게 균등한 교육기회를 보장하는 일은 국가가 책임져야 할 기본적인 책무입니다. 교육이 삶의 출발선에서부터 불공정하다면, 아무리 정교한 입시제도나 교육정책도 평등한 사회를 구현할 수 없습니다. 평등은 단순한 동일함이 아닙니다.

'평등'이라는 말이 자주 오해되곤 합니다. 누구나 똑같이 해주는 것이 평등이 아니라, 각자가 필요한 것을 적절히 지원받을 수 있도록 하는 것이 진정한 평등입니다. 어떤 학생은 방과 후 수업이 필요하고, 어떤 학생은 돌봄이, 또 어떤 학생은 심리적 치유가 절실합니다. 개별적 필요를 파악하고, 그에 맞춘 맞춤형 교육복지를 제공해야 합니다. 진정한 평등은 연대에서 옵니다.

교육복지를 강화하는 데에는 단지 예산의 문제만이 아닙니다. 시민적 연대와 공동체적 인식이 필요합니다. 나의 자녀만 잘 되면 된다는 사고에서 벗어나, 우리 모두의 아이들이 성장할 수 있는 사회를 만들어야 합니다. 이는 곧 공교육의 재신뢰 회복으로 이어지고, 사회 전체의 역량 강화를 가능케 합니다.

"교육은 개인의 일상을 바꾸고, 복지는 삶의 기반을 지탱하며, 평등은 공동체의 품격을 높인다."

"출발선은 공정해야 하고, 스펙이 아니라 실력으로, 부모의 재산 또는 배경이 아니라 개인 노력으로 성장할 수 있는 공정한 학교 제도의 확립이 요구됩니다."
                                                        – 저자, 류수노

Interlude 5.

우리에게 가장 필요한 교육 소비 줄이는 방안은?

대한민국 교육의 고질적인 문제 중 하나는 '과잉 소비'입니다. 누구나 알고 있습니다. 아이 하나를 키우는 데 드는 사교육비가 가계에 얼마나 큰 부담인지. 때로는 월급의 절반 이상이 교육비로 사라지고, 어떤 부모는 자녀의 진학을 위해 빚까지 집니다. "공부가 제일 쉬웠어요"라는 말이 먼 옛이야기처럼 들리는 시대. 지금 대한민국의 교육은 '생존'을 위한 전쟁터가 되어 버렸습니다. 그렇다면 우리는 묻습니다. 왜 이렇게까지 소비해야 하는가?

그 소비의 끝에는 무엇이 있는가?

사교육은 부모의 불안에서 출발합니다. 공교육이 불안하니, 부모는 보완책을 찾고, 결국 사교육에 의존하게 됩니다. 어느새 사교육은 선택이 아니라 생존이 되어버렸습니다. 그러나 경쟁이 경쟁을 낳고, 그 끝은 늘 소수만이 웃는 구조입니다. 이 악순환의 고리를 끊지 않는다면, 교육은 더 이상 모두를 위한 공공재가 될 수 없습니다.

지금 우리에게 필요한 교육은 '덜 쓰는 교육', '더 나은 교육'입니다. 소비를 줄이면서도 아이들이 제대로 배우고 성장할 수 있는 시스템, 바로 그 해답은 공교육의 혁신과 회복에 있습니다. 학교에서의 배움이 실질적인 힘이 되어야 합니다.

단지 입시를 위한 문제 풀이가 아니라, 삶과 연결된 학습이어야 합니다. 아이들이 '왜 배우는지'를 스스로 이해할 수 있어야 합니다. 의미 없는 암기식 수업, 형식적인 평가 방식에서 벗어나야 합니다. 과목 선택권, 진로 맞춤형 수업을 제공해야 합니다.

모두가 똑같은 것을 배우는 구조에서 벗어나야 합니다. 진로에 맞는 유연한 교육과정이 만들어지면, 학생들도 자신에게 맞는 길을 탐색하게 되고 불필요한 사교육 의존도는 자연스레 줄어듭니다. 가정과 학교, 지역사회의 신뢰를 회복해야 합니다.

공교육을 믿을 수 있어야 가정이 사교육에 의존하지 않습니다. 지역에서의 돌봄과 학습 지원 시스템, 방과 후 프로그램의 다양화, 교사의 자율성과 창의적 수업 운영이 함께 맞물려야 합니다. 결국, 교육 소비를 줄이는 가장 큰 대안은 공교육이 경쟁력을 갖추는 것입니다. 그 경쟁력은 돈으로 사는 것이 아니라 신뢰와 감동, 실질적인 배움의 가치로 얻어야 합니다. 교육이 '시장의 논리'에서 벗어나, 공공의 영역으로 돌아오는 길, 그것이 바로 지금 우리가 찾아야 할 가장 시급한 대안입니다. 부모에게는 경제적 여유를, 아이들에게는 자율과 균형을, 교사에게는 교육 본연의 보람을 되돌려 줄 때, 비로소 우리는 '소비하지 않아도 되는 교육', '지속 가능한 교육'의 문을 열 수 있을 것입니다.

Interlude 6.

지금, 우리 교육엔 감동이 없다

교육은 사람을 변화시키는 일이다.
감동 없는 교육은 변화도 이끌지 못한다.

한때 교실은 살아 숨 쉬는 공간이었습니다. 웃음소리, 호기심, 어설픈 질문, 다정한 꾸중이 뒤섞인 그곳은 아이들과 선생님이 함께 꿈을 꾸던 마당이었습니다. 그런데 요즘 교실은 조용합니다. 교사도 학생도 누군가에 쫓기듯 발이 석고, 표정은 단정하지만 어딘가 지쳐 있습니다. 지식은 넘치는데, 감동은 사라졌습니다. 교육은 본래 가슴을 울리는 경험이어야 합니다. 누군가 나를 믿어주고, 기다려주고, 가능성을 말해줄 때 우리는 감동을 느낍니다. 그 감동은 다시 나를 일으키고, 멈춰 있던 희망을 걷게 합니다. 하지만 요즘 교육은 지식을 채우는 데 집중하느라 마음을 채우지 못합니다. 지식은 가르치지만, 감동은 전하지 못합니다. 감동은 나를 내려놓고, 남을 위한 마음에서 피어납니다. 성적에 일희일비하지 않고, 아이의 속도를 기다려주며, 실패 속에서도 가능성을 보는 것. 그것이 바로 교육의 감동입니다.

그런데 지금 우리는 '밥벌이로서의 교육', '직업인으로서의 교사'

에 갇혀 있습니다. 교육은 머리만이 아니라 마음으로도 이뤄지는 것임을 잊고 있습니다. 그리고 어느새, 성공 스토리도 자취를 감췄습니다. 개천에서 용 난 이야기들은 옛말이 되었고, 출발선이 정해진 세상에선 더 이상 감동이 없습니다. 사회는 아이들에게 "노력해도 안 돼"라는 메시지를 은근히 전하고 있습니다. 이런 사회에서 아이들은 더 이상 꿈꾸지 않습니다. 희망을 믿지 않는 세대가 되어가고 있습니다. 하지만 감동은 여전히 존재합니다. 그것은 대단한 사건이 아니라, 누군가의 포기하지 않는 눈빛, 누군가의 기다림, 진심 어린 응원 속에 숨어 있습니다. 교실에서 선생님의 따뜻한 한마디가, 친구의 작은 위로가, 부모의 무언의 믿음이 아이의 삶을 바꾸기도 합니다. 교육은 희망입니다. 감동 없는 교육은 방향 없는 항해와 같습니다. 지금 교육에는 다시 감동이 필요합니다. 감동이 있어야 울림이 생기고, 울림이 있어야 변화가 시작됩니다. 이제, 우리는 교실에 감동을 다시 불러와야 합니다.

감동이 있는 교육은 아이들에게 희망을, 교사에게는 자긍심을, 학부모에게는 신뢰를 남깁니다. 지금 이 순간에도 누군가는 조용히 교실에서 감동을 만들고 있습니다.

감동은 교육을 '산업'이 아닌 '사람'의 일로 회복시키는 입니다.

"오늘 이 수업이, 이 학교가, 이 교사가 누군가의 삶을 움직였는가" 이 질문에 "예"라고 말할 수 있는 교육, 그것이 감동있는 교육이며, 우리가 함께 회복해야 할 교육의 본질입니다.

제5장

교육 개혁을 통한 공정한 교육 기회 보장

1. 교육 격차란 무엇인가?

교육 격차는 학생 개개인이 출신 지역, 경제적 배경, 가정 환경 등에 따라 교육 기회와 학습 성취도에서 차이를 보이는 현상을 의미한다. 이는 단순한 성적 차이를 넘어 학생의 미래 직업, 사회적 지위, 삶의 질에도 영향을 미친다. 교육 격차는 사회적 불평등을 심화시키며, 결과적으로 계층 이동성을 낮추는 요인이 된다. 오늘날 대한민국은 세계적으로 우수한 교육 수준을 보유하고 있음에도 불구하고, 교육 기회의 불평등이 심화되는 문제에 직면해 있다. 특히 경제적, 지역적 요인에 따른 학력 격차는 공정한 교육 기회를 보장받아야 할 학생들에게 심각한 영향을 미친다. 대한민국 헌법 제31조는 모든 국민이 교육받을 권리를 가진다고 명시하고 있다.

하지만 현실에서는 지역, 경제적 배경, 사회적 환경에 따라 교육 기회의 격차가 존재한다. "균등하게 교육받을 권리"란 단순한 형식적 평등이 아니라, 누구나 실질적으로 동등한 교육 기회를 누릴 수 있도록 보장하는 것을 의미한다. 교육 평등은 단순히 무상교육을 제공하는 것이 아니라, 학생 개개인의 배경과 필요를 고려하여 균등한 기회를 제공하는 것이다. 이를 위해서는 교육 인프라, 교사 수준, 교육 콘텐츠의 질적 향상이 필요하다.

2. 교육 격차의 현실

- 지역 간 격차 : 수도권과 비수도권, 대도시와 농어촌 지역의 교육 환경 차이
- 경제적 격차 : 사교육 의존도가 높은 교육 현실과 공교육의 한계
- 사회적 격차 : 다문화 가정, 장애 학생, 저소득층 가정 학생들이 겪는 어려움

1) 지역에 따른 교육 격차

대한민국의 교육 격차는 지역 간 차이에서 두드러지게 나타난다. 수도권과 지방 간 교육 인프라의 차이가 크며, 대도시와 농어촌 지역 학생들의 학업 성취도에도 상당한 차이가 존재한다.

(1) 학교 시설과 교육 환경의 차이

수도권에는 특목고, 자사고 등 다양한 교육 선택지가 많고, 양질

의 학원을 쉽게 이용할 수 있는 반면, 지방에서는 교육 인프라가 부족한 경우가 많다. 교사의 질적·양적 차이도 존재하며, 지방에서는 우수 교사의 확보가 어려운 현실이다.

(2) 대학 진학률 및 명문대 입학률 차이

통계적으로 수도권 학생들의 명문대 진학률이 지방 학생들보다 높은 경향을 보인다. 지방에서는 대학 진학 시 거주 비용 부담이 커서 서울 소재 대학으로의 진학이 어려운 경우도 많다.

(3) 온라인 학습과 디지털 교육 격차

코로나19 팬데믹 이후 온라인 학습이 활성화되었지만, 농어촌 지역에서는 인터넷 속도, 디지털 기기 보급률 등이 낮아 학습 환경이 불리하다. 디지털 교육 도구를 활용하는 능력도 가정의 경제력에 따라 차이가 발생한다.

2) 경제적 요인에 따른 교육 격차

가정의 경제적 여건은 학생들의 교육 수준과 학업 성취도에 직접적인 영향을 미친다. 교육의 기회는 평등해야 하지만, 현실에서는 부모의 경제력이 자녀의 학습 기회를 좌우하는 구조가 고착화되고 있다.

(1) 사교육 의존도와 교육비 부담

사교육 시장이 확대되면서, 경제적 여력이 있는 가정에서는 사교육을 통해 학생의 학습 성취도를 높일 수 있다.

반면, 경제적으로 어려운 가정의 학생들은 사교육 없이 공교육에만 의존해야 하는 상황이 많으며, 이에 따라 학업 성취 격차가 벌어진다.

(2) 부모의 학력과 교육 지원 차이

부모의 학력 수준이 높을수록 자녀에게 제공할 수 있는 교육적 지원도 커진다. 경제적으로 안정된 가정에서는 조기 유학, 해외 연수 등의 기회를 제공할 수 있지만, 저소득층 가정에서는 이러한 기회가 제한적이다.

(3) 교육비 부담으로 인한 학업 지속성 문제

저소득층 학생들은 학업을 지속하기 어려운 환경에 놓이는 경우가 많다. 대학 등록금 부담이 커서 학업을 중단하거나, 아르바이트와 학업을 병행하면서 학습 시간이 부족해지는 문제가 발생한다.

3) 부모 배경과 교육 기회의 대물림

대한민국 교육 시스템에서는 부모의 사회경제적 배경이 학생의 학업 성취도와 진로 선택에 상당한 영향을 미친다.

(1) 입시 전형의 불균형

정시와 수시 전형의 구조에서 소득 상위 계층 가정의 학생들이 유리한 입지를 점하는 경우가 많다. 예를 들어, 비교과 활동을 강조하는 수시 전형에서는 경제력이 뒷받침된 학생들이 다양한 대외

활동과 어학연수 등을 경험하며 경쟁력을 갖출 수 있다.

(2) 교육 기회의 세습화

고소득 가정에서는 명문 학교를 보내기 위한 '학군 선택'이 이루어지고, 부모의 높은 교육 수준이 자녀에게도 이어진다. 반면, 저소득층 가정의 학생들은 지역 내 공교육에만 의존해야 하는 경우가 많아 격차가 심화된다.

3. 교육 격차가 사회에 미치는 영향

교육 격차가 장기화 될 경우, 사회적으로 심각한 문제를 초래할 수 있다.

1) 사회적 이동성 저하

교육 기회의 불평등은 계층 이동성을 낮추며, 특정 계층이 교육을 통해 사회적 지위를 유지하는 현상이 고착화된다. 이는 결국 사회 불평등을 심화시키고 세대 간 빈부 격차를 유지하는 구조를 만든다.

2) 청년층의 기회 불평등

학력 격차는 취업 기회에도 영향을 미쳐, 상위 대학 출신 학생들이 더 좋은 일자리를 얻는 경향이 강하다. 이는 사회적 불만을 증가시키고, 계층 간 갈등을 심화시키는 요인이 된다.

3) 국가 경쟁력 저하

교육 기회가 특정 계층에게만 집중되면, 국가적으로 인재 양성의 기회가 제한된다. 균형 잡힌 교육 기회를 제공해야 다양한 분야에서 창의적 인재를 육성할 수 있으며, 장기적으로 국가 경쟁력에도 긍정적인 영향을 미칠 수 있다.

4. 교육 격차 해소를 위한 방향성

교육 격차를 줄이기 위해서는 다음과 같은 정책적 노력이 필요하다.

1) 공교육의 질적 향상

지방과 수도권의 교육 인프라 격차를 줄이고, 공립학교 교육의 질을 높이는 노력이 필요하다.
교사 역량 강화 및 교원 배치의 균형 조정이 필수적이다.

2) 경제적 지원 확대

저소득층 학생들에게 장학금 및 교육비 지원을 확대해야 한다. 대학 등록금 부담을 줄이고, 무상 교육 정책을 점진적으로 확대해야 한다.

3) 온라인 교육 접근성 강화

디지털 교육 격차를 줄이기 위해 농어촌 지역 학생들에게 태블릿, 노트북 등 학습 도구를 지원해야 한다. 온라인 강의와 AI 기반 학습 시스템을 통해 맞춤형 교육을 제공할 필요가 있다.

4) 교육 개혁을 통한 공정한 기회 보장

입시제도의 공정성을 강화하고, 사교육 의존도를 낮출 수 있는 정책이 필요하다. 다양한 진로 선택을 지원하는 교육 시스템을 구축해야 한다.

우리 사회에서 교육은 현재와 미래를 여는 열쇠이며, 그 열쇠는 모든 이에게 평등하게 주어져야 한다. 교육은 단순히 개인이 지식을 습득하는 과정이 아니라, 삶의 기회를 제공하고 사회의 지속가능한 발전을 이루는 핵심 요소다. 따라서 교육은 소수만이 아닌 모든 사람이 균등하게 누릴 수 있어야 하며, 이를 보장하는 것이 국가와 사회의 책무다.

교육은 단순한 지식 전달을 넘어 인생을 전달한다. 양질의 교육을 받을 기회를 보장받지 못하는 사람들은 성장의 기회를 잃고, 이는 사회 전체의 불평등을 심화시키는 결과를 초래한다. 따라서 모든 사람이 출발선에서 동등한 기회를 가질 수 있도록 교육의 형식적 평등을 넘어 실질적인 균등 보장이 필요하다.

그러나 현실에서는 교육의 기회를 평등하게 누리지 못하는 이들이 많다. 지역, 경제적 배경, 가정환경 등에 따라 교육의 질과 기회가 달라지는 것은 우리 사회가 해결해야 할 중요한 과제다. 모든 개인이 존중받으며 교육을 받을 권리는 단순한 선택이 아니라, 인간의 기본적인 권리이며 반드시 보장되어야 할 인권의 핵심 요소다.

따라서 우리는 교육이 특정 계층의 특권이 아니라, 모든 사람이 동등하게 누릴 수 있는 권리로 자리 잡도록 해야 한다. 형식적 평등을 넘어 실질적인 균등을 실현하는 것이 국가와 사회의 책무이며, 이를 위한 구체적인 정책과 노력이 필요하다.

모든 개인이 균등하게 교육받을 권리는 단순한 권리가 아니라 인권의 기본 요소로, 모든 사람에게 동등하게 제공되어야 한다. 그러나 현실에서는 교육의 기회가 지역과 환경에 따라 차별적으로 제공되고 있으며, 이는 교육 불평등의 중요한 원인이 되고 있다. 사회 불평등과 격차의 시작이 교육 양극화에서 비롯된다. 금수저·흙수저의 대물림을 끊어야 건강한 대한민국이 될 수 있다.

우리나라에는 226개의 기초자치단체가 있지만, 교육지원청은 176개뿐이다. 즉, 교육지원청 1곳이 평균적으로 2~3개의 기초자치단체를 관할하고 있으며, 일부 지역에서는 4개 이상의 기초자치단체를 담당하는 경우도 있다. 특히 서울의 경우 25개의 기초자치단체(구)가 존재하지만, 교육지원청은 11곳에 불과하다. 이는 지역별 교육 행정의 세밀한 지원이 어려움을 의미하며, 학생들이 균등한 교육을 받을 권리를 보장받기 어려운 구조적 문제로 작용하고 있다.

표 1. 서울 교육지원청 별 학교 수와 학생 수

교육지원청	학교 수					학생 수				
	어린이집	초	중	고	계	어린이집	초	중	고	계
1. 동부	57	45	29	21	152	4,824	25,126	12,169	12,010	54,129
2. 서부	86	71	46	34	237	7,483	44,873	22,529	22,033	96,918
3. 남부	85	67	35	29	216	6,699	35,680	17,480	18,111	77,970
4. 북부	85	65	40	34	224	6,227	33,559	19,300	22,620	81,706
5. 중부	42	40	27	35	144	3,138	15,521	8,038	17,015	43,712
6. 성동·광진	53	42	23	18	136	3,643	23,022	11,013	10,901	48,579
7. 성북·강북	63	43	31	20	157	5,175	27,277	14,510	12,702	59,664
8. 동작·관악	57	43	32	24	156	4,512	26,462	13,264	13,722	57,960
9. 강남·서초	61	57	40	33	191	4,781	45,846	28,038	26,745	105,410
10. 강동·송파	79	68	48	34	229	8,588	52,542	26,917	24,574	112,621
11. 강서·양천	89	65	41	38	233	7,230	45,500	25,448	25,079	103,257
합계	757	606	392	320	2,075	62,300	375,408	198,706	205,512	841,926

(2024. 4월 기준)

현재 우리나라 유·초·중·고 학생은 2024년 교육기본통계 조사에 의하면 5,684,745명 가운데 2.1%인 약 12만 명이 특수교육 대상 학생이다. 최근 통계에 따르면 학업이나 직업에서 쉬고 있는 청년이 약 45만 명에 달한다. 이는 단순한 개인의 문제가 아니라, 교육이 제 역할을 다하지 못해 사회로의 진입이 막혀있는 현실을 보여준다. 따라서 공정한 교육 기회 보장은 단지 출발선에서의 형평성을 넘어, 특수교육 대상과 쉬고 있는 청년을 포함한 모든 이들이 존엄하게 교육받는 권리를 실현하는데까지 나아가야 한다. 이것이 헌법이 요구하는 교육 정의이며, 대한민국 교육이 반드시 풀어야 할 시대적 과제다.

교육지원청은 지역 내 학교 운영을 지원하고, 교육 정책을 실행하며, 학생과 교사의 교육 환경을 개선하는 역할을 한다. 그러나 교육지원청이 담당해야 할 범위가 넓어질수록 개별 학교와 학생들에게 세밀한 행정 지원을 제공하는 데 한계가 생긴다. 결국, 이는 지역 간 교육 격차로 이어지고, 특정 지역 학생들이 상대적으로 불리한 교육 환경에서 학습할 수밖에 없는 현실을 초래한다.

이러한 문제를 해결하기 위해서는 교육지원청의 역할을 강화하고, 기초자치단체별 교육 행정을 보다 세밀하게 운영할 필요가 있다. 교육의 기회는 모든 학생에게 공정하게 주어져야 하며, 이를 위해서는 지역 간 교육 행정의 형평성을 확보하는 것이 필수적이다.

모든 학생이 출발선에서 동등한 기회를 가지려면 단순한 형식적 평등을 넘어 실질적 교육 보장이 이루어져야 한다. 이를 위해 정책적, 제도적 노력이 지속되어야 하며, 사회적 합의와 관심이 필수적이다.

교육 격차는 단순한 학업 성취도의 차이를 넘어, 사회적 불평등을 심화시키는 핵심 요인이다. 모든 학생이 출신 배경과 관계없이 동등한 교육 기회를 가질 수 있도록 교육 정책을 개선하고, 사회적 지원을 강화하는 것이 필요하다. 균등한 교육 기회는 개인의 성장뿐만 아니라 국가 발전을 위한 필수 요소이며, 이를 실현하기 위한 노력이 시급하다.

교육의 과도 경쟁을 줄이기 위한 대책은?

"아이들은 줄세우기 위해 존재하는 것이 아니다."
경쟁이 아닌 성장으로 – 과도한 교육경쟁, 이제 멈춰야한다.

한국 사회에서 교육은 늘 경쟁의 다른 이름이었습니다. 초등학교 입학 전부터 시작되는 선행학습, 중학교 내신, 고등학교 입시, 대학 수능, 그리고 취업까지. 전 생애에 걸친 이 경쟁의 굴레는 아이들을 피폐하게 만들고, 부모를 지치게 하며, 교사를 관리자로 몰아넣고 있습니다. 이제는 멈춰야 합니다.

교육의 본질은 성장을 돕는 것이지, 탈락을 가리는 것이 아닙니다.

1. 대학 입시체계 개혁 : 평가 중심에서 성장 중심으로

지금의 입시제도는 과도한 경쟁을 조장하는 근본 원인입니다. 대학 입시라는 좁은 문 하나에 모두가 몰리다 보니, 선행·과외·스펙·봉사활동의 경쟁이 필연이 됩니다.

▸ **대책**

• 수능과 내신 절대평가 도입 : 상대평가 중심의 점수 경쟁을 줄

이고, 학생들의 성취 기준에 초점을 맞춤.

- 학교생활기록부 개편 : 비교과 활동의 부담을 줄이고, 학교 수업의 충실한 참여가 반영되는 구조 마련.
- 다양한 대입 전형 확충 : 지역균형, 기회균형 선발 등 다양한 배경의 학생에게 기회를 부여.

"평가의 기준을 바꾸면, 교육의 풍경이 달라진다."

2. 공교육 신뢰 회복 : 사교육 의존 줄이기

사교육은 경쟁의 불안에서 비롯됩니다. 공교육이 신뢰를 잃었기에 부모들은 더 많은 비용을 들여 '안심'을 사는 것입니다.

▸ **대책**

- 교사의 수업 혁신과 역량 강화 : 흥미로운 수업, 학생 중심의 수업 설계.
- 온라인과 오프라인 통합형 공동 교육과정 활성화 : 선택 과목 부족을 해소하고 다양성을 보장.
- 국공립 교육 인프라 확대 : 저소득층과 중산층의 교육 접근성을 보장하여 교육 양극화 완화.

"공교육이 살아야 사교육이 줄어든다."

3. 평가방식의 전환, 경쟁의 기준 전환 : 결과보다 과정을 중시

성적, 등수, 수상 실적보다 성장과 과정에 주목하는 문화 전환이 필요합니다. 교육은 누가 먼저 도착하느냐가 아니라, 어떻게 배웠고 얼마나 변화했느냐가 핵심입니다.

▸ **대책**

- 성장형 피드백 시스템 도입 : 점수 중심 평가에서 탈피하여 서술형 성장 평가 병행.
- 포트폴리오 기반 학습기록제 도입 : 학생의 학습 여정을 정성적으로 기록하고 반영.

4. 협력 중심 교육문화 정착 : 진로 중심 교육으로 전환

경쟁의 반대말은 낙오가 아니라 협력입니다. 미래사회는 경쟁보다는 융합과 공동 창조의 능력을 요구합니다.

▸ **대책**

- 협동 프로젝트 학습 확산 : 소그룹 과제를 통해 배움의 공동체적 의미 확장.
- 토론·토의 중심 수업 확대 : 서로의 관점을 이해하고 조율하는 경험을 제공.
- 교사 간 협력 문화 조성 : 수업 공유, 공동연구 등을 통한 전문성 강화.

"아이들은 함께 배울 때 더 멀리 나아간다."

5. 사회적 인식 변화와 정책적 지원 병행

학벌주의와 스펙 중심의 채용 문화가 교육경쟁을 부추기고 있습니다. 학교가 아니라 사회 전체가 변화해야 합니다.

‣ **대책**

- 채용의 다양화와 학벌 탈피 : 블라인드 채용, 직무 중심 역량 평가 확산.
- 지역 중심 진학 및 취업 활성화 : 서울 집중 교육경쟁 완화.
- 학부모 교육 강화 : 입시 정보 과잉 속에서 현명한 선택을 돕는 안내 제공.

‣ **결론** : 경쟁은 적절하면 자극이 되지만, 과도하면 공포와 소외가 됩니다. 지금 한국 교육이 겪고 있는 고통은 과도한 경쟁이 만든 구조적 문제입니다.

우리는 이제 다음 세대에게 더 넓은 배움의 공간과 더 깊은 성찰의 시간을 주어야 합니다. 교육은 경쟁이 아니라 가능성을 여는 교육, 그것이 우리가 나아가야 할 길입니다.

"아이들이 서로 경쟁하는 것이 아니라, 함께 성장하고 있다는 감정을 느낄때 교육은 비로소 교육다워집니다."

경쟁과 평가 중심의 교육이 과연 지금도 유효한가?

"교육은 순위를 정하는 것이 아니라, 가능성을 여는 것이다."

한국 교육의 오랜 그림자 중 하나는 바로 '과도한 경쟁'과 '결과 중심 평가'입니다. 줄세우기식 서열화, 입시 위주의 교과 과정, 상대평가 체계는 아이들을 잠재력 있는 인간이 아니라, 점수의 숫자로 바라보게 만들었습니다.

그러나 우리는 이제 묻지 않을 수 없습니다.

'이런 경쟁과 평가 중심의 교육이 과연 지금도 유효한가?'

1. 아이들의 배움이 '점수'에 갇히고 있다

학습은 질문하고, 실수하고, 토론하고, 성찰하며 자라는 과정입니다. 하지만 평가가 오로지 수능과 성적, 등수에만 집중될 때, 배움은 점수를 따기 위한 훈련으로 전락합니다. 그 결과, 아이들은 자신만의 속도와 관심, 개성을 존중받지 못하고 무한경쟁에 내몰립니다.

"지식은 암기되었지만, 지혜는 배우지 못했다."   – 저자, 류수노

2. 과도한 경쟁은 모두를 낙오자로 만든다

상대평가는 본질적으로 '누군가가 이겨야 누군가는 져야' 성립됩니다. 이는 곧 다수의 학생을 '패자'로 만들 수밖에 없는 구조입니다. 성취가 아니라 '비교 우위'만이 강조되는 교육은 협력보다 불신, 창의성보다 암기, 성찰보다 순응을 낳습니다.

"학교는 공동체가 아니라, 전쟁터였다."

3. 교사는 교육자가 아닌 채점자로 전락한다

교사는 아이의 가능성을 키우는 안내자가 되어야 합니다. 그러나 현실은 성적 관리, 내신 기록, 학부모 민원 대응에 시달리는 상황입니다. 교육의 질을 높이는 것보다 '점수의 공정성'을 더 우선시해야 하는 현실은 교사의 자율성과 전문성을 약화 시킵니다. 교사가 고유의 교육 철학을 펼칠 수 있어야 교육이 살아납니다.

4. 다양성과 창의성이 억압되는 교육 문화

모두가 같은 정답을 향해 달려야 하는 교육. 이는 다양한 생각, 질문, 표현, 감정, 삶의 궤적을 배제합니다. 그러나 미래사회는 정답을 외우는 사람이 아니라, 질문을 던지고, 문제를 새롭게 정의할 줄 아는 사람을 필요로 합니다.

"비판적으로 생각할 시간보다, 모범답안을 외우는 시간이 더 많았다."

이것이 지금 우리의 교육이 놓치고 있는 핵심입니다.

미래를 준비하려면, 경쟁을 넘어야 합니다

경쟁은 완전히 없어져야 할 개념은 아닙니다. 그러나 건강하지 않은 경쟁은 공동체를 병들게 합니다. 우리는 경쟁을 배움의 원동력이 아니라, 삶의 서열을 정하는 기제로 사용해왔습니다.

이제는 변화해야 합니다.

평가의 목적은 선별이 아니라, 성장과 피드백이 되어야 합니다.

교육의 목표는 서열화가 아니라, 각자의 가능성과 진로를 발견하는 과정이 되어야 합니다. 교사의 역할은 감시자가 아니라, 공감하고 이끄는 안내자여야 합니다.

경쟁과 평가 중심의 교육이 아이들을 지치게 만들고, 교사를 탈진시키고, 학부모를 불안하게 만들고 있습니다. 우리는 이제 경쟁이 아닌 공감과 협력, 평가가 아닌 성장과 배움을 중심에 둔 교육 패러다임을 모색해야 합니다.

"사람은 비교로 크는 것이 아니라, 발견으로 성장합니다."

진짜 교육은 점수 너머에 있습니다.

성장 중심의 교육, 함께하는 교육, 감동이 있는 교육. 이것이 우리가 지금 전환해야 할 방향입니다.

제2부

영·유아·초·중등 교육의 정상화

제1장

영·유아 사교육의 실태와 유보통합

1. 영·유아 사교육의 실태

우리나라의 영·유아교육은 초등학교 입학 이전부터 사교육에 노출되는 구조를 지니고 있다. 특히 수도권을 중심으로 영어, 수학, 독서 등 선행학습이 광범위하게 이루어지며, 조기교육이 일반화된 양상을 보인다. 통계청과 교육부 자료에 따르면 5세 미만 유아의 약 60% 이상이 사교육을 경험하고 있으며, 그 중 상당수는 하루 2시간 이상의 수업에 참여하고 있다. 이는 부모들의 불안감과 경쟁 심리가 조기 사교육 수요를 견인하고 있는 것으로 분석된다.

또한, 유아 대상의 사교육 시장은 연간 수조 원에 달할 만큼 성장하고 있으며, 유치원과 어린이집 외에도 민간학원, 방문교육, 온라인 콘텐츠 시장까지 확대되고 있다.

2. 유보 이원화의 구조적 문제

현재 대한민국은 유치원(교육부 소관)과 어린이집(보건복지부 소관)이 이원적으로 운영되어 왔다. 이로 인해 운영 주체의 이중성, 행정관리의 복잡성, 교사 자격과 처우의 차이, 교육과 보육의 연계 부족 등의 문제가 지속되고 있다.

특히, 동일 연령 아동이 서로 다른 체계에서 교육과 보육을 받으며, 학부모들은 행정 혼선과 선택의 어려움을 겪는다. 이러한 이원화 구조는 정책의 비효율성과 자원의 낭비를 초래하며, 공정하고 질 높은 영·유아교육 실현에 걸림돌이 된다.

3. 유보통합 논의의 배경과 경과

유보통합은 유치원과 어린이집을 하나의 체계로 일원화하려는 정책 방향이다. 이는 이미 20여 년 전부터 논의되어 왔으며, 참여정부, 이명박정부, 박근혜정부에 이어 문재인정부에서도 시도되었다.

지난 정부 들어서도 '유보통합추진단'을 구성하고 공·사립 간 협의체를 마련하는 등 구체적 방안을 모색 했었다. 그러나 이해관계자 간의 이견과 제도 통합에 따른 혼란 우려로 인해 뚜렷한 성과를 내지 못하고 있는 실정이다.

4. 유보통합 추진의 문제점과 해결 과제

유보통합의 성공적 추진을 위해 다음과 같은 과제가 선결되어야 한다.

- 국가책임 강화 : 유아교육·보육의 공공성 강화를 위해 국공립 비율 확대, 교사 처우 개선, 질 높은 교육과정 개발이 필요하다.
- 사립 유치원·어린이집과의 협력 체계 구축 : 현재 유아교육 기관의 90% 이상이 사립으로 운영되고 있는 현실을 감안하면, 사립기관과의 상생 방안이 핵심 과제가 된다.
- 행정통합과 체계 정비 : 교육부와 복지부의 이원적 구조를 통합할 수 있는 법적·행정적 기반 마련이 필요하며, 이를 위한 중장기적 로드맵 수립이 요구된다.
- 부모와 교사의 신뢰 확보 : 정책의 신뢰를 높이기 위해 현장의 의견을 반영하고, 충분한 소통과 홍보가 병행되어야 한다.

영·유아 사교육의 팽창과 유보 이원화 문제는 대한민국 교육의 시작점에서부터 공정성과 평등성을 훼손하는 구조적 요인이다. 유보통합은 단지 행정 개편이 아닌, 교육복지의 본질적 회복을 위한 과제이다. 정부는 사교육비 절감, 교육격차 해소, 공교육 신뢰 회복이라는 목표를 실현하기 위해 보다 적극적이고 세밀한 접근이 필요하다. 영·유아 교육의 정상화는 미래 세대를 위한 가장 기초적인 투자이며, 교육 대전환의 출발점이 되어야 할 것이다. 현장에서 드러난 제도적·현실적 문제점과 정책 추진의 난항은 여전히 해결해야 할 과제로 남아 있다.

1) 이해관계자 간 갈등

사립 유치원과 어린이집 간 운영 방식, 재정 구조, 교사 처우 등이 다르기 때문에 통합 과정에서 이해관계의 충돌이 발생하고 있다. 특히 사립 중심의 보육기관은 국가 주도 통합에 대해 재정 지원과 자율성 보장의 불확실성을 우려하고 있다.

2) 교사 자격 및 처우의 차이

유치원 교사는 교육부 소속, 어린이집 교사는 보건복지부 소속으로 자격 기준과 연수 체계, 급여 수순, 근무 환경 등에서 큰 차이를 보인다. 이러한 불균형은 유보통합 이후에도 직무 불만과 인력 이탈로 이어질 수 있는 위험 요소다.

3) 행정체계 통합의 미흡

교육부·복지부 간 협업이 이루어지고 있으나, 여전히 이중 행정 구조는 존재하며 법적·제도적 기반이 완비되지 않은 상태다. 기관 간 업무 분담과 예산 운영의 혼선은 통합의 효율성을 저해하고 있다.

4) 보육·교육 통합에 대한 개념 미비

유보통합의 핵심은 '교육과 보육의 일체화'인데, 이에 대한 개념 정립과 교육과정 통합 설계가 미흡하다. '돌봄 중심의 보육'과 '학습 중심의 유아교육' 간의 조화를 위한 철학적, 실천적 접근이 부족하다.

5. 현재까지의 유보통합 관련 법제화 상황

1) 통합에 대한 기본 방향은 제시됨

2023년~2024년, 교육부는 '교육부 중심의 통합 추진안'을 발표하며, 유보통합의 주체를 교육부로 일원화하는 방안을 제안했다. 이에 따라 교육부가 주관하여 보건복지부 기능을 일부 흡수하는 방식이 추진 중이다.

2) 법률안 발의 준비 단계

유보통합과 관련된 법안 초안(예 : '유아교육 및 보육통합에 관한 법률' 또는 '유아발달지원법(가칭)')은 정책연구와 공청회 등에서 일부 초안 수준으로 검토된 바 있지만, 국회에 공식 발의되어 통과된 법안은 없다.

3) 현행 법 체계

- 「유아교육법」 : 교육부 소관, 유치원 중심

•「영·유아보육법」: 보건복지부 소관, 어린이집 중심

두 법은 여전히 병렬적으로 작동 중이며, 통합이 법제화되기 전까지는 현행 이원체계가 유지된다.

4) 왜 아직 통합법이 제정되지 못했는가?

(1) 교육 vs 복지 관점의 갈등

유치원은 '교육', 어린이집은 '복지'라는 관점 차이가 크고, 각 이해집단(교원 단체, 보육 단체, 지방자치단체) 간 입장 차이가 첨예하다.

(2) 행정 이관 문제

보건복지부에서 교육부로 이관되는 업무 범위, 예산 문제, 조직 문제 등이 정리되지 않았다.

(3) 교사 자격과 인건비 체계 문제

유치원 정교사 자격증과 보육교사 자격증 체계의 단일화 및 처우 격차 해소 문제가 아직 합의되지 않았다.

5) 향후 전망

2025년 하반기~2026년, 교육부는 "단일관리체계 법제화"를 목표로 하고 있으며, 통합법 제정을 위한 입법 예고 또는 시범 운영 계획이 마련될 가능성이 있다. 그러나 사회적 합의 없이는 법률 제정이 쉽지 않기 때문에, 상당한 시간이 걸릴 수 있다.

5. 서울시 기준 유보통합의 시사점

1) 공공성 강화를 통한 교육·돌봄 격차 해소

서울시는 공공 유치원 비율이 낮고, 사립유치원과 민간어린이집 의존도가 높음.

- 공공 인프라 확충이 시급 : 공공형 어린이집 확대, 국공립 유치원 설립 추진
- 지역 간 격차 해소를 위한 자치구 단위의 맞춤형 통합정책 필요

2) 복잡한 행정 구조의 통합적 조정 필요

서울시는 교육청(교육부 산하)과 시청 및 자치구(보건복지부 산하)의 협력 구조가 복잡함.

- 시-교육청-자치구 간 협력 시스템 구축이 통합 성공의 핵심
- 교육청 중심의 컨트롤타워 또는 서울형 통합관리기구 구성이 필요

3) 선도모델로서의 시범사업 기회

서울시는 전국에서 가장 많은 유아교육기관과 보육시설을 운영.

- 자치구별 시범통합 운영모델을 통해 통합모델을 선도할 수 있음

- 다양한 유형(사립, 공립, 민간 등)의 기관 간 조정 실험이 가능한 지역

4) 교사 수급 및 처우 차이 해결

서울시 내 유치원교사(정규 교원)와 어린이집 보육교사(계약직 비중 높음) 간 임금·지위 격차 큼.

- 서울시 자체 교사 처우 개선 정책 필요
- 장기적으로는 '서울형 유보통합 교원제도' 구축 검토 가능

5) 보편적 무상교육·보육 정책 추진 기반

서울시는 이미 무상급식, 무상교육 확대 등 보편 복지 기반 확보.

- 이를 바탕으로 유보통합 역시 무상교육·보육의 일환으로 통합 추진이 용이
- 서울형 '무상 유아통합교육·보육 모델' 구축 가능성 높음

6) 부모 신뢰 확보와 커뮤니케이션 전략

서울시민은 교육에 대한 관심과 민감도가 매우 높음.

- 유보통합 추진 시 공청회, 설명회, 시민참여단 운영 등 시민과의 신뢰 구축이 필수
- 불필요한 오해(보육 기능 축소, 사립유치원 위기 등)를 줄이기 위한 소통 설계가 중요

7) AI·디지털 기반 유아교육 혁신 가능성

서울은 AI 교과서, 스마트 학습 환경 등 디지털 인프라가 발달.

- 유보통합 과정에서 AI 기반 놀이·교육 콘텐츠를 공공적으로 제공
- 디지털 양육 격차 해소를 위한 교육 인프라 구축도 병행 필요

6. 서울시 유보통합 로드맵 및 단계별 시범 운영(안)

- 1단계 : 준비기(2025년)
- 목표 : 통합의 기초 인프라 구축 및 모델 설계
- 주요 과제 :
    - 유보통합 관련 조례 및 조정기구 설치(예 : 서울시 유보통합추진협의회)
    - 서울형 유보통합 비전 및 실행전략 수립
    - 자치구 단위의 시범구 선정(예 : 3~5개 자치구)
    - 서울형 표준교육·보육과정 초안 마련
    - 유치원 – 어린이집 교원 간 자격, 처우, 연수 체계 비교 분석
- 실행 예 :

    종로구(도심형), 강남구(사립유치원 밀집), 노원구(공공기관 밀집) 등 선정

- 2단계 : 시범운영기(2026~2027년)
- 목표 : 소규모 시범운영을 통한 통합모델 실험 및 피드백

- 주요 과제 :

    - 통합운영기관(서울형 유보통합센터) 설립 및 공동운영

    - '서울형 통합교사 연수 프로그램' 도입 및 시범교사 운영

    - 유치원과 어린이집 간 통합교육과정 공동운영 시도

    - 학부모 대상 통합설명회 및 의견수렴

    - '서울형 통합 행정지원 플랫폼' 구축

- 실행 예 :

    - 공동 출퇴근 시간 조정, 통합 차량 운영 시범

    - 유치원과 어린이집의 교차 담임제 및 놀이중심 교안 공유

■ 3단계 : 확대기(2028~2029년)

- 목표 : 통합 모델을 확산 적용하며 안정화 기반 마련

- 주요 과제 :

    - 시범 결과에 따른 법제도 개선안 제안(교육부·복지부 공동 건의)

    - 자치구별 통합운영기관 1개 이상 설치 추진

    - 통합교사 채용 및 '서울형 통합자격제' 전환 검토

    - 평가·보육·놀이·생활지도 영역의 공동 표준화 도입

- 실행 예 :

    - 유보통합형 국공립 기관 10개 이상 확대

    - 통합관리시스템을 통한 예산·인력 일원화 시범 적용

■ 4단계 : 정착기(2030년 이후)

• 목표 : 전면 유보통합 체제로 전환

• 주요 과제 :

   – 서울형 유보통합 법제도 완비

   – 국공립·공공형 중심의 통합기관 확산

   – 유치원·어린이집 간 운영체계 일원화 (행정·인력·시설)

   – 유보통합 표준 교육과정, 표준 운영 지침 확립

   – 학부모 체감도 평가 및 재정 지속성 확보

7. 향후 추진해야 할 핵심과제

1) 서울형 유보통합 시범기관 설립 및 단계적 확대

• 2026년부터 자치구별 1개 이상 '통합유아기관(서울형)' 시범 운영

• 국공립 유치원과 공공형 어린이집 간 통합운영 모델 구축

• '하나의 교실, 하나의 교사, 하나의 교육과정' 원칙 실현

2) '서울형 통합교사' 체계 도입

• 유치원교사 – 보육교사 자격 상호인정 및 통합 연수 과정 제공

• 단계적 자격 체계 개편 및 처우 일원화 추진

• 통합교사를 위한 역량 강화 연수·경력 승급 체계 정비

3) 통합형 교육과정 및 돌봄 연계 시스템 개발

• 만 3~5세 아동을 위한 통합 교육·돌봄 프로그램 설계

• 서울형 누리과정 + 놀이중심 보육 활동 연계 강화

• AI 기반 시간표 및 활동관리 플랫폼 시범 운영

4) '서울 유보통합 추진기획단' 설치 및 운영

• 서울시교육청-서울시-보건복지부-교육부 공동 협력체 구성

• 제도 개선, 예산 조정, 현장 갈등 조율을 위한 거버넌스 구축

• 학부모, 교사, 전문가가 참여하는 공론화 채널 운영

5) 유보통합의 공공성 강화 및 사립기관 참여 유도

• 사립유치원·어린이집의 통합 참여 시 행정·재정 인센티브
  제공

• 사립기관 통합 기준안 마련 및 공공-민간 협업형 운영 지원

• 통합기관 국공립 전환 비율 2030년까지 50% 이상 목표

영·유아·초·중등교육, 왜 개편이 필요한가?

"교육은 백년지대계(百年之大計)입니다. 시작이 바르면, 끝이 곧고, 시작이 어그러지면 모두가 흔들립니다."

1. 교육 불평등의 출발선, 유아기에서 시작됩니다.

영·유아 시기는 인간 발달의 기초를 형성하는 생애주기에서 가장 결정적인 시기입니다. 그럼에도 불구하고 대한민국의 영·유아 교육은 아직도 양적 확대 중심, 이원화된 체계, 보육과 교육의 역할 혼재 속에서 방향성을 잃고 있습니다. 초·중등 교육은 이미 사교육의 식민지로 전락하고 있으며, 창의력보다는 암기력, 관찰보다는 경쟁, 인성보다는 성적이 우선시되는 구조가 아이들의 삶을 지배하고 있습니다.

2. 유보통합의 미완성과 구조적 문제

- 유치원(교육부)과 어린이집(복지부)의 이원화된 행정체계
- 교사 자격, 운영 기준, 교육 내용의 불일치
- 부모의 혼란과 아동의 교육 기회의 불균등 초래

"아이들은 정책의 공백을 기다려주지 않습니다."

[해결 방안]

• 유보통합 특별법 제정 및 유아학교 체제로 일원화

• 교사 자격 및 처우 동등화

• 공공 영·유아시설의 국·공립 비율 확대

3. 초·중등 교육, 왜 개편이 필요한가?

현재의 초·중등 교육은 입시와 경쟁 중심으로 운영되고 있습니다. 학생의 자기주도성, 창의력, 사회성은 교육과정에서 후순위로 밀려나고 있습니다.

[핵심 문제]

• 과밀한 교과 내용

• 입시 중심의 획일적 평가

• 교사의 자율성 제한과 행정 과중

• 지역 간 교육 격차와 기회 불균등

4. 장기적 제도 개편 방향

(1) 영·유아 교육 의무화 추진

OECD 평균보다 낮은 우리나라의 공적 영·유아 교육 접근률을 높이기 위해서 만 3세부터의 교육 의무화를 단계적으로 도입하고 놀이 중심, 인성 중심, 언어·감성 발달 중심의 교육 과정 구축을 적극 검토 해야합니다.

(2) 초·중등 연령 구조의 혁신

"아이들의 성장 속도에 맞는 교육 구조가 필요합니다."

초등학교 교육을 5년제로 단축, 기초문해력과 기본 사회성 교육에 집중하고, 중·고등학교 통합 5년제 전환으로 중등과 고등의 연계성 강화가 요구됩니다.

5. 초등교육은 획일적이고 중등교육은 서열화되어있다.

(1) 놀이와 탐구 중심 교육 전환

• 주입식 교육 탈피, 문제 해결력, 협업능력, 자기 표현력을 키우는 수업으로 개편이 필요합니다.

(2) 성취 기반의 평가 체계 확산

• 성적 중심이 아닌 성장 중심의 절대평가 확대

• 포트폴리오형 수행평가가 필요

(3) 지역 거점형 선택과목 활성화

• 교육지원청 중심 공동교육과정

• 소인수 과목을 위한 원격 수업 병행

• 소인수 과목을 한국방송통신대학교 유노캠퍼스 연계 적극 추진

(4) 교사 전문성 혁신

• 교육 중심 행정 감축

• AI 및 디지털 도구 활용 기반의 교수역량 강화

6. 미래는 시작에서 결정된다. 교육의 대전환은 곧 대한민국의 생존전략이다.

아이 한 명의 성장 여정은 사회 전체가 함께 짊어져야 할 과제입니다. 지금, 대한민국 교육은 출발점에서부터 다시 설계해야 할 시기에 와 있습니다.

영·유아 교육의 공공성 확보, 초·중등 교육의 구조 혁신, 그리고 장기적인 교육제도 개편이 대한민국 교육의 새로운 백년을 여는 기둥이 될 것입니다. 더 이상 아이들의 삶을 과거의 기준으로 규정해서는 안됩니다, 지금 우리가 나서야 합니다.

"더 오래 가르치는 것이 아니라, 더 깊이 배우는 방식으로 바뀌어야 한다."

제2장

사교육의 식민지가 된 초·중등교육

1. 사교육, 왜 멈추지 않는가?

사교육은 이제 대한민국 교육의 보완 수단이 아니라, 공교육을 대체하거나 압도하는 '주된 축'이 되어버렸다. 학생들이 방과 후나 주말에도 학원으로 향하는 풍경은 더 이상 특별한 일이 아니다. 부모들은 "남들 다 하니까 우리 아이도 시켜야 한다"는 불안감에, 어쩔 수 없이 사교육 시장으로 끌려들어 간다. 이런 불안은 단순한 심리의 문제가 아니다. 실제로 사교육을 받은 학생들이 학교 성적이나 입시 결과에서 더 나은 성과를 내는 경우가 많기 때문이다. 특히, 상위권 대학 진학을 목표로 하는 중상위 계층은 영어, 수학, 과학 등 핵심 과목에 집중적으로 사교육을 투자하며, 최근에는 AI 코딩, 자기소개서 클리닉, 스펙 관리형 학원까지 등장했다. 이처럼 사교육 시장은 다양화, 고도화되고 있으며, 그 구조는 끊임없이 확대되고 있다. 정부와 교육청이 사교육을 억제하겠다고 수차례 대책을 발표했지만, 문제의 본질은 변하지 않는다. 입시 경쟁 구조가 그대로인 한, 사교육은 절대로 멈추지 않는다. 학벌 중심 사회, 수능과 내신 중심의 평가 구조, 대학 서열 체제는 여전히 그대로 유지되고 있고, 이는 사교육이 유지되고 확대될 수밖에 없는 근본 원인이다. 결국 사교육은 불안과 비교라는 정서적 기반 위에서, 그리고 입시라는 구조적 기반 위에서 멈추지 않고 성장하고 있는 것이다.

2. 구조화된 사교육 존-교실 너머의 또 다른 교육현실

문제는 단순히 사교육의 '존재'가 아니라, 그것이 제도적으로 구조화되어 있다는 사실이다. 에컨대, 상위권 대학 입시에서 중요한 '학생부 종합전형(학종)'은 겉으로는 사교육의 영향을 받지 않는다고 하지만, 실상은 다르다. 비교과 활동, 독서 이력, 봉사활동, 동아리 구성, 심지어 자소서 작성까지도 고가의 컨설팅 사교육이 개입하는 경우가 많다. 고교 과정에서 공교육만으로는 학종을 준비하기 어렵다고 느끼는 학부모와 학생들이 많다.

또한, 수능 중심의 정시 확대 정책 역시 사교육 시장을 자극하는 요인이다. 학원들은 EBS 분석, 출제경향 예측, 시간 관리 훈련 등 다양한 방식으로 수능 대비 강좌를 내세우며 정시 확대 흐름을 오히려 환영한다.

이처럼 사교육은 단지 학교 외부에서 벌어지는 보충 활동이 아니라, 초등 → 중등 → 고등 과정 내내 연결된 하나의 교육생태계로 자리잡았다. 심지어 일부 학교나 교사들도 사교육 시장과 은근히 연결된 경우도 있다. 교사의 명성, 지역 내 학원 정보, 사설 교재 연계 등이 공공연히 작동하는 것이다. 서울 강남이나 목동, 대치동 등 일부 지역은 이미 공교육이 사교육에 종속된 교육특구로 자리잡았으며, 이는 교육 불평등을 심화시키고 있다. 소득이 높은 가정일수록 더 많은 정보와 자원을 가지고 사교육에 접근하며, 이로 인해 교육 기회의 격차는 점점 더 벌어진다.

3. 왜 공교육은 사교육을 이기지 못하는가?

공교육은 모든 학생에게 동등한 교육 기회를 제공하고, 사회 전체의 학력과 시민성을 기르는 데 중심적인 역할을 한다. 그러나 현실에서 공교육은 사교육과의 경쟁에서 점점 밀려나고 있다. 부모들이 공교육을 신뢰하지 못해 사교육으로 내몰리는 이유는 단순히 '사교육이 더 좋기 때문'이 아니라, 공교육이 제 역할을 하지 못하고 있기 때문이다.

1) 학습격차에 대한 대응력 부족
공교육은 다양한 수준과 배경을 가진 학생들을 동일한 교실에서 가르치고자 한다. 그러나 개별 맞춤형 수업이나 심화·보충 학습 시스템이 제대로 작동하지 않으면서, 학습에 어려움을 겪는 학생도, 앞서 나가는 학생도 모두 만족하지 못하는 결과를 낳고 있다. 사교육은 이러한 틈새를 정확히 파고들어 학습 수준에 따른 맞춤형 커리큘럼을 제공한다. 예를 들어, 수학이 어려운 학생은 학원에서 기초부터 다시 배우고, 상위권 학생은 고난도 문제 중심으로 수업을 듣는다. 반면 학교에서는 일률적 진도와 평가가 우선되며, 학생 개인의 수준이나 속도에 대한 세심한 배려는 부족하다.

2) 교사의 수업 전문성과 자율성 한계

오늘날 공교육의 교사는 단지 수업을 잘하는 능력만으로는 부족하다. 다양한 학생의 수업 침여를 유도하고, AI나 디지털 도구를 적절히 활용하며, 정서적 지지와 진로 지도까지 해내야 한다. 그러나 과중한 행정 업무, 교육청 지침에 따른 수업계획 제한, 평가 부담 등으로 인해 교사들은 창의적 수업을 기획하거나 개별 학생을 위한 수업을 설계할 여유가 없다.

반면 사교육은 '실력 있는 강사', '검증된 강의', '철저한 관리'를 앞세워 경쟁력 있는 콘텐츠를 제공하며 학부모들의 선택을 유도한다. 학원 강사는 수업에만 전념하고, 학생과 학부모가 원하는 목표 달성에 집중할 수 있는 시스템이 갖추어져 있다.

3) 교육 콘텐츠와 시스템의 경직성

공교육에서 사용하는 교과서는 대부분 교육과정에 따라 집필되고, 수업도 정해진 시간표와 단원 순서를 따라간다. 새로운 변화나 트렌드, 미래형 역량 같은 요소는 반영되기 어렵고, 융합교육이나 프로젝트형 수업은 여전히 예외적이다.

반면, 사교육은 교육부 지침과 상관없이 입시에 최적화된 커리큘럼, 트렌드에 민감한 콘텐츠를 빠르게 반영한다. 실제 수능이나 내신 출제 경향, 학교별 특이점까지 분석하여 정밀하게 학습 전략을 제시한다. 이처럼 콘텐츠의 탄력성과 반응속도 측면에서 공교육은 사교육에 크게 뒤처진다.

4) 평가와 성과 중심 시스템

우리 사회는 여전히 대입 중심의 성과 위주 평가 체제에 갇혀 있다. 내신과 수능 점수가 학생의 거의 전부를 결정하기 때문에, 공교육은 아이들을 성적을 잘 받게 하기 위한 '훈련'에 초점 맞춘 수업을 할 수밖에 없다. 창의성과 협업, 비판적 사고처럼 미래 인재의 핵심 역량은 뒷전이 되고, 결국 사교육이 그 공백을 메우게 된다. 공교육은 성적과 관계없는 진로 탐색, 민주시민교육, 사회적 감수성을 다루는 데 의미가 있지만, 현실에서는 '입시에 도움이 안 된다'는 인식 때문에 소외된다. 그 결과 공교육이 담당하는 영역은 점점 좁아지고, 사교육이 입시를 포함한 모든 교육을 주도하게 되는 것이다. 공교육이 사교육을 이기지 못하는 이유는 학습격차 대응의 한계, 교사의 전문성 발휘를 막는 시스템, 탄력성과 창의성이 결여된 콘텐츠, 성과 위주의 평가체제에 있다. 이러한 문제들이 복합적으로 작용하면서, 공교육은 갈수록 신뢰를 잃고, 사교육은 구조적으로 확장되고 있다. 이러한 상황에서 공교육이 다시 제자리를 찾기 위해서는 교육 철학의 전환과 실천적 대책 마련이 동시에 이뤄져야 한다. 단순히 사교육을 억제하는 방식이 아니라, 공교육 자체가 경쟁력 있고 매력적인 대안이 되어야 할 것이다.

4. 사교육비 절감을 위한 정책적 대안은 무엇인가?

사교육비는 가계 부담의 주요 원인 중 하나이며, 교육 불평등의 핵심 요인이다. 2024년 기준 우리나라 초·중·고 학생의 연간 1인당 사교육비는 역대 최고치를 경신하며 사회적 경고등이 켜졌다. 사교육비를 줄이지 않고서는 공교육 정상화도, 교육의 공정성 회복도 어렵다. 사교육비 절감을 위한 정책적 대안은 단순히 사교육을 억제하는 것을 넘어서, 공교육의 신뢰 회복과 기능 회복을 중심으로 추진되어야 한다.

1) 공교육의 질 제고와 신뢰 회복

가장 근본적인 대안은 공교육을 사교육만큼 믿고 맡길 수 있는 수준으로 높이는 것이다. 구체적으로는 다음과 같은 정책이 필요하다.

- 심화·보충 수업의 확대와 내실화 : 방과 후 학교나 기초학력 보장 프로그램이 모든 학생의 실질적인 학습 수준에 맞게 정교하게 운영되어야 한다. 고학년 학생을 위한 고급 콘텐츠도 마련되어야 한다.
- 우수 교사 확보와 교원 전문성 강화 : 교사의 수업 혁신 역량과 평가 전문성을 높이기 위한 연수 확대, 연구학교 운영, 수업 경진대회 등을 통한 전문성 공유가 이루어져야 한다.
- 학습 진단과 맞춤형 학습 제공 : AI 학습 도구, 진단 평가 시스템을 활용해 개별 학생의 학습 수준과 유형에 맞는 수업을 제공할 수 있어야 한다.

2) 공교육 내 시험 대비 역량 강화

- 입시 위주의 교육현실을 고려할 때, 공교육이 대입 및 내신 시험에 실질적으로 도움이 되는 학습 경로를 제공해야 한다.
- 교과 보충 심화 과정의 정례화 : 내신과 수능에 대비한 심화 수업을 방과 후 학교나 자율 동아리 형태로 학교 안에서 운영할 수 있어야 한다.
- 학교 내 진로·진학 컨설팅 강화 : 사교육이 장악한 진로·진학 컨설팅을 학교 차원에서 공교육화 해야 한다. 이를 위해 전문 상담교사 확충, 진학지원센터 운영 내실화가 필요하다.

3) 입시제도 개선을 통한 사교육 유발 요인 제거

입시제도가 복잡하고 변동성이 크면 사교육 의존도가 높아진다. 따라서 입시제도의 단순화와 예측 가능성 확보는 필수적인 정책 대안이다.

- 학생부 중심 전형의 간소화 : 비교과 영역이나 서류 평가의 복잡성을 줄이고 정량평가 요소를 강화해 사교육 의존을 줄여야 한다.
- 고교학점제의 안정적 안착 : 학생의 과목 선택권을 보장하되, 사교육 의존 없이 학교 안에서 선택 과목이 운영될 수 있도록 교원 확충 및 거점학교 운영이 병행되어야 한다.
- 공정한 평가 체제 구축 : 대학별 고사 축소, 수능의 공정성 확보 등을 통해 공교육 중심의 평가 제제를 확립해야 한다.

4) 디지털 기반 학습 플랫폼의 공공화

에듀테크 기술을 공교육이 적극적으로 수용하고 활용하면 사교육의 효율성을 공교육으로 대체할 수 있다.

- 공공 AI 학습 플랫폼 제공 : 학생 수준별 맞춤형 학습을 돕는 AI 기반 콘텐츠를 공교육에서 제공해 사교육의 대체재가 되도록 한다.
- 영상 콘텐츠·라이브 수업 제공 확대 : 공공방송(EBS)이나 서울시교육청 TV, 교육부 학습자료 플랫폼 등을 연계한 실시간 강의 및 고퀄리티 콘텐츠 제공이 필요하다.

5) 학부모 부담 완화 정책

사교육비 절감을 위해서는 공교육의 질을 높이고, 신뢰를 회복하는 것이 핵심이다. 구체적인 정책 대안은 다음과 같다.

- 교사 중심이 아닌 학생 중심의 수업 혁신
- 수업 시간에 실질적인 학습 성취를 보장하는 체계 마련
- AI 기반 학습 도구 및 공공 플랫폼 확대 보급
- 진로·적성 기반 학습 설계 및 실행 강화
- 방과 후 학교 및 온라인 학습을 활용한 공교육 내 보충 체계 확립

이러한 변화가 없다면 학부모들은 계속해서 사교육을 선택할 수밖에 없다.

사교육비 절감을 위해서는 가계 부담을 덜어주는 실질적 지원정책도 병행되어야 한다.

- 학교 방과 후 학교 전면 확대 및 무상화 : 공교육 내에서 방과 후 교육의 질과 다양성을 확보하고, 전면 무상화를 통해 사교육 대체 효과를 유도해야 한다.
- 취약계층 맞춤 지원 확대 : 저소득층 및 다문화 가정을 위한 튜터링, 멘토링 프로그램, 디지털 학습 기기 지원 등의 정책을 강화해야 한다.

사교육비를 줄이기 위한 정책은 공교육의 기능 회복, 입시제도의 개선, 디지털 학습 환경의 강화, 학부모의 부담 경감 등을 총체

적으로 고려한 다차원적 접근이 필요하다. 단기적으로는 방과 후 교육의 강화, AI 기반 진단·보충학습 시스템 도입, 진학 컨설팅의 공교육화 등이 효과적인 정책이 될 수 있으며, 장기적으로는 교육철학의 전환과 공정한 입시체제 확립이 사교육비 절감의 근본적인 해결책이 될 것이다.

5. 대입제도 전면 개편이 답이다

현재의 입시제도는 사교육 의존도를 높이는 근본 원인 중 하나다. 입시가 복잡하고 불투명하며, 지나치게 다양한 평가 요소를 포함하기 때문에 사교육의 개입 여지가 크다. 다음과 같은 개편이 필요하다.

- 학교생활기록부 체제 개편 : 정성 평가의 불투명성과 비교과 부담을 줄이기 위한 표준화 필요.
- 수능 등 국가시험 체제 폐기 : 획일적 평가 대신 다양한 전형과 대학별 평가로 전환.
- 대학의 재량과 전문성 존중 : 대학이 스스로 인재를 선발할 수 있도록 자율성 보장.
- 투명하고 시장원리에 맞는 제도 설계 : 공정성과 예측 가능성을 높이는 입시 설계 필요.

Interlude 10.

왜 살아 숨쉬는 공교육을 외치는가?

1. 공교육이 죽어가고 있다 : 현장의 경고

공교육이 무너지고 있다는 말은 더 이상 낯설지 않습니다. 언제부터인가 부모들은 자녀 교육을 학교에만 맡기지 않습니다. 불안한 마음에 사교육을 더하고, 비교와 경쟁에 밀려 날마다 더 높은 사교육비를 감당합니다. 그러나 그 속에서 아이들은 점점 지쳐갑니다. 질문하지 않고, 도전하지 않고, 실패를 두려워하는 아이들. 그 중심에는 제 역할을 잃어버린 공교육이 있습니다. 사교육비를 줄이는 가장 확실한 방법은 공교육을 살리는 일입니다.

2. 공교육의 숨결을 되살려야 할 이유

공교육이 제 역할을 충실히 할 때, 아이들은 학교에서 성장의 기쁨을 맛볼 수 있고, 학부모는 사교육에 의존하지 않아도 된다는 신뢰를 갖게 됩니다. 희망을 주는 공교육이야말로, 아이들의 내일을 담보하고 가정의 불안을 덜어주는 유일한 길입니다. 공교육은 단순한 지식 전달의 장이 아닙니다. 그곳은 아이들이 자기 자신을 발견하고, 자신의 길을 모색하는 자아 형성의 공간이어야 합니다. 교실에서의 작은 감동, 따뜻한 말 한마디, 진심어린 피드백이 아이들의 마음을 움직이고, 삶을 바꾸는 씨앗이 됩니다. 그래서 우리는 교육이 감동을 줘야 한다고 말합니다.

감동이 있어야 교육은 살아 숨쉴 수 있고, 그런 교육만이 아이들의 마음에 '내가 소중한 존재'라는 자각을 심어줍니다. 성공 이야기가 사라진 시대, 교육이 다시 성공 서사의 출발점이 되어야 합니다. 단지 '누구보다 앞서기 위한 교육'이 아니라, '진짜 나로 살아가기 위한 교육'이 되어야 합니다. 지금 우리의 교실은 아이들에게 그런 교육을 하고 있는가를 진지하게 물어야 합니다.

"학생은 교사의 수준을 넘어서지 못한다"는 말이 있습니다. 공교육을 살리려면 교사와 학교가 살아야 합니다. 교사의 열정과 사명감, 배움의 감동을 줄 수 있는 수업이 살아나야 합니다. 교사와 교직원에게 자긍심을 되찾아주고, 교육이 단지 밥벌이가 아닌 사람을 키우는 일이라는 자부심을 심어줘야 합니다. 결국 공교육이 살아야, 사교육이 줄어듭니다. 그 반대는 결코 불가능합니다.

살아 숨 쉬는 공교육이야말로 우리 사회가 다음 세대를 위해 반드시 지켜야 할 최소한의 공동 자산입니다. 그것이 무너지면, 결국 우리의 미래도 함께 무너집니다. 공교육의 회복, 그것은 더 이상 미룰 수 없는 시대의 요청입니다.

공교육은 기회의 평등을 지키는 최후의 보루이며, 지속가능한 사회를 만드는 유일한 길입니다.

대입 시험제도의 문제점과 개편방향?

"시험이 교육을 지배하는 구조를 바꾸지 않으면, 교육은 절대 변하지 않는다."

1. 지금의 대입제도, 어디가 문제인가?

대한민국의 대학입시제도는 공정성과 객관성이라는 명분 아래, 수많은 학생을 한 줄로 세우고 있습니다. 그러나 오늘날 입시제도는 이미 불투명, 과도한 경쟁 유발, 사교육 조장 그리고 무엇보다 학교 교육의 본질 훼손이라는 심각한 폐단을 안고 있습니다.

1) 학종(학생부종합전형)의 불신
- 깜깜이 전형이라는 비판을 받으며, 공정성에 대한 의심 고조
- 부모의 정보력과 배경이 결정하는 구조
- 교사들의 부담과 기록 과잉 문제

2) 수능 중심 전형의 한계
- 일회성 시험이 미래 역량을 측정하기 어려움
- 정시 확대가 사교육 심화로 이어지는 딜레마
- 학생의 다양성과 잠재력을 반영하지 못함

3) 고교 교육 왜곡

- 내신 등급에 맞춘 전략적 과목 선택
- 고3이 되면 사실상 교실은 시험 준비소로 전락
- 진정한 학문적 탐구와 성찰의 기회 박탈

2. 입시제도 개편, 왜 지금인가?

- 초저출산 사회 : 2030년까지 학령인구 급감, 대학도 학생을 뽑기 어려워짐
- AI 시대의 인재상 변화 : 암기력 중심 평가에서 창의성·융합적 사고로 전환
- 교육 불신의 심화 : 입시를 둘러싼 불공정 논란이 공교육 불신으로 이어집니다. 고등학교 교육과정과 대학입시의 요구가 일치하지 않아, 공교육은 형식화되고, 입시는 사교육에서 준비하는 구조가 고착화되고 있습니다.

3. 대입제도 개편의 4가지 핵심 방향

1) 학교생활기록부 체제 전면 개편

- 현재의 서열화된 내신 체계를 개선
- 교과·비교과 균형을 반영하는 서술형 기록 중심으로 전환
- AI 기반의 진로 탐색 기록과 개별 성장 보고서 도입

2) 수능 중심의 국가시험 체제 폐지

- 수능은 참고 자료로 활용, 비중은 줄이되 절대평가 방식 도입
- 과정 중심의 다차원 평가 시스템 구축
- 수능에 대한 고정관념을 깨고 다양한 학습 여정 인정

3) 대학의 자율성과 전문성 보장

- 대학이 학과별로 필요한 인재를 자율적으로 선발
- 전형 유형을 단순화하고 공정성 확보를 위한 공시제도 강화
- 고교-대학 연계 프로그램 활성화로 선발과 교육의 연계 강화

4) 투명하고 시장원리에 맞는 입시

- 모든 전형의 평가 요소와 기준 공개 의무화
- 고교 정보 접근 격차 해소를 위한 진학정보 플랫폼 국가 운영
- 입시 사교육이 파고들 여지를 없애는 구조 설계

4. 제도의 개편은 교육의 철학을 바꾸는 일 입니다.

입시는 단지 선발의 수단이 아닙니다. 입시가 곧 교육의 목표가 되는 현실에서 우리는 자유로울 수 없습니다. 그러나 입시제도가 변하지 않으면 교실의 수업은 시험 준비로 남고, 학생의 배움은 점수로 환원되며, 교육의 기회는 부모의 정보력으로 결정될 것입니다.

현재 입시는 아이들의 실력으로 평가하기 보단 가정의 배경을 증명하는 제도로 전락했습니다. 입시 경쟁은 교육을 창의의 공간이 아니라 입시훈련소로 만들었습니다.

5. 지금, 결단해야 한다

대입제도의 전면 개편은 교육을 다시 살리는 근본적인 시작점입니다. 그 시작은 공정과 다양성, 그리고 학생 중심 교육 철학의 회복이어야 합니다. 지금이 아니면 늦습니다. 이제, 우리는 결단해야 합니다.

대입제도는 단순히 선발의 도구가 아니라, 교육 전반의 방향과 가치관을 결정짓는 제도입니다. 현재 입시 구조는 교육의 목적을 왜곡시키고, 청소년의 삶을 지치게 만들며, 공교육의 신뢰를 무너뜨리고 있습니다. 이제는 입시의 방향을 학습자 중심, 미래 역량 중심, 공정성 강화로 전환할 때입니다. 대입제도의 개편은 교육 혁신의 출발점이며, 다음 세대를 위한 책임 있는 선택이 되어야 합니다.

대학입시는 단순한 선발이 아니라 미래 사회가 요구하는 인재상을 설계하는 과정이어야 합니다. 공정한 기회를 보장하는 입시제도가 곧 공정한 사회의 첫걸음입니다.

"대입 개편은 시험 제도의 변화가 아니라 대한민국 교육의 미래 설계도다."

"입시제도를 바꾸지 않고는 교육을 바꿀 수 없고, 교육을 바꾸지 않고는 미래를 준비할 수 없다."

학교 떠나는 우등생들, 공교육 정상화 방안은 무엇인가?

"학교의 내신 성적은 재수가 안 되잖아요?" 이런 말이 있습니다.

"학교의 내신 성적은 재수가 안 되잖아요?"라는 말은 단순한 말장난이나 농담처럼 들릴 수 있지만, 실은 현재 대한민국 교육의 병목 지점을 정확히 지적하는 중요한 현실 인식입니다. 내신 성적은 수시 전형에서는 절대적인 요소이지만, 일단 재수로 넘어가면 거의 무용지물이 됩니다. 다시 말해, 한때 성실하게 학교를 다니며 우수한 성적을 쌓았던 학생일지라도, 정시 체제로 전환된 순간 그 내신은 무력화됩니다. 이처럼 내신과 정시 체제 간의 단절성은 학생과 학부모에게 좌절감을 안기고, 이로 인해 우등생들조차 공교육을 떠나는 선택을 감행하게 됩니다.

서울의 주요 지역을 중심으로, 우등생들의 자퇴 현상이 점점 증가하고 있습니다. 특히, 내신 상위권에 있던 중학생이나 고등학생들이 학교를 자퇴하고, 검정고시를 통해 대입 정시를 준비하거나 조기 유학, 사설 교육기관으로 전환하는 사례가 빠르게 늘고 있습니다. 이들은 더 이상 학교라는 공간에서 학습의 유의미함을 느끼지 못하며, 학교 밖에서 오히려 더 전략적이고 효율적인 길이 있다고 판단하기도 합니다.

실제 통계를 살펴보면, 교육부가 발표한 2023년 기준 자퇴 학생 수는 약 4만 명에 이르고 있으며, 그 중 중학교 자퇴자는 약 8천여 명, 고등학교 자퇴자는 약 3만 2천여 명에 달합니다. 특히 이들 중 일부는 성적이 부진한 학생이 아닌 중상위권 이상의 우등생들로, 이탈의 배경이 단순한 낙오가 아니라 제도에 대한 전략적 판단이라는 점이 주목됩니다. 또한, 검정고시 응시자 수도 해마다 증가하는 추세입니다. 2023년 기준으로 고등학교 졸업학력 검정고시 응시자는 약 6만 명에 달하며, 그 중 상당수는 자퇴 이후 정시 입시를 준비하는 학생들입니다. 특히 주목할 점은, 검정고시 출신 학생들이 서울대, 연세대, 고려대 등 주요 대학에 합격하는 사례가 꾸준히 늘고 있다는 점입니다. 이는 '학교를 거치지 않아도' 입시를 성공적으로 치를 수 있다는 인식을 강화하고 있으며, 결과적으로 공교육 이탈 현상을 부추기고 있습니다.

이러한 현상의 원인은 무엇보다도 제도적 단절에 있습니다. 내신 중심의 수시와 수능 중심의 정시가 서로 연결되지 않고 오히려 경쟁하는 구조이기 때문입니다. 한 축을 선택하면 다른 한 축은 포기해야 하는 이분법적 체제는 학생들에게 이중 부담과 전략적 혼란을 안겨줍니다. 또한, 학교 수업 내용과 실제 수능 간의 괴리 역시 크기 때문에 학생들은 "학교 공부는 입시에 도움이 되지 않는다."는 인식을 갖게 됩니다. 결과적으로 우등생일수록 더 나은 전략을 찾아 학교 밖으로 나가게 되는 것입니다.

현재 이러한 문제를 해결하고자 몇몇 시도들이 진행 중입니다. 예를 들어, 자유 학년제나 고교학점제 같은 유연한 교육과정이 도입되고 있고, 일부 자율학교나 혁신학교에서는 학생 맞춤형 수업을 시도하고 있습니다. 그러나 여전히 구조적인 한계는 큽니다. 내신 체제는 여전히 상대평가에 머물고 있으며, 수능은 학원 교육 중심으로 유지되고 있습니다. 공교육은 여전히 입시 경쟁력을 확보하지 못한 채 방치되고 있는 상황입니다. 이제는 서울시교육청을 비롯한 교육 당국이 근본적인 해결책을 마련할 때입니다. 첫째, 내신과 수능의 연계성을 확보하여, 내신 성적이 재수나 정시에서도 보완적 요소로 작동할 수 있는 구조를 만들어야 합니다. 둘째, 학교 수업과 입시 간의 연계성을 실질적으로 높이기 위해 교사에게 입시 분석 및 평가 역량 강화 기회를 제공해야 합니다. 셋째, 우등생들이 학교 안에서도 심화학습과 진로 설계를 할 수 있도록, 학교 내 탐구 기반 프로그램 및 대학 연계 프로그램을 확대해야 합니다. 넷째, 자퇴와 검정고시를 선택할 수밖에 없는 학생들을 위한 제도권 내 대안적 교육 경로를 마련해줘야 합니다.

서울시는 특히 이 문제에 앞장설 수 있습니다. 자퇴나 검정고시 이전에 학생이 선택할 수 있는 '서울형 이탈 예방 프로그램'을 개발하고, 중·고등학교 연계형 진로 설계 상담 체계를 강화해야 합니다. 또한, 심화학습을 희망하는 우등생들을 위한 '학문중심 집중학교'를 시범 운영함으로써, 공교육 내에서 성장과 도전을 경험할 수 있도록 해야 합니다. 이제는 공교육의 신뢰를 회복해야 합니다. 우등생이 학교를 떠나지 않아도 되는 시스템, 그리고 학교에서 배운 내신이 어떤 진로를 택하더라도 유의미한 자산이 되는 시스템이 필요합니다. 그것이 진정한 교육의 대전환이며, 미래를 여는 진정한 열쇠입니다.

"학교 안에서 꿈꾸고, 학교 안에서 성장하며, 학교 안에서 미래를 준비할 수 있어야 한다."

"내신과 수능, 학교와 대학을 잇는 새로운 제도가 공교육 정상화의 핵심 열쇠가 될것이다."

"학교를 떠나는 우등생들을 다시 불러오는 것, 그것이 곧 공교육 정상화의 출발점이다."

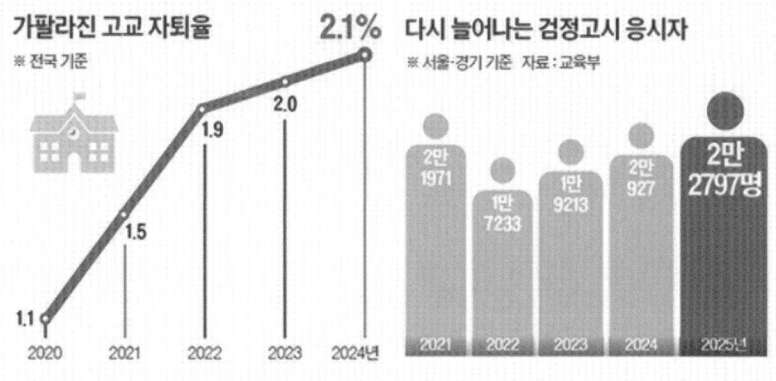

(중앙일보, 25. 08. 30)

제3장

과목 선택권을 보장하는 고교학점제

1. 고교학점제의 도입 배경과 취지

고교학점제는 고등학생이 자신의 진로와 적성에 따라 과목을 선택하고, 이수한 학점이 졸업 기준에 도달하면 졸업할 수 있도록 하는 제도다. 이는 획일적인 교육과정을 벗어나 학생 중심의 교육을 실현하려는 교육개혁의 핵심축 중 하나로, 미래사회가 요구하는 창의융합형 인재 양성을 위한 기반으로 주목받고 있다. 기존의 교육체계가 교사 중심, 일률적 교육과정에 치우쳐 있었다면, 고교학점제는 학생이 주도적으로 자신의 배움과 진로를 설계하고 선택하는데 중점을 둔다. 이는 자율성과 책임감, 자기 주도학습능력을 동시에 키울 수 있는 교육 철학의 전환이기도 하다.

2. 고교학점제 이상과 현실의 간극

고교학점제는 '학생 맞춤형 교육'이라는 취지에서 높은 교육적 가치를 지니지만, 실제 정책 실행 단계에서는 다양한 한계와 문제점이 드러나고 있다. 이 제도를 성공적으로 정착시키기 위해서는 현장의 목소리를 반영한 실질적인 보완책이 시급하다.

1) 형식적 선택권, 실질적 선택권 부재

많은 학교에서 고교학점제 시행을 위해 선택과목을 개설하고 있지만, 현실적으로 학생들이 진정 원하는 과목을 선택하기는 어렵다. 과목 개설은 학교의 인적·물적 자원에 의존하기 때문에 희망 인원이 적거나 교사 수급이 어려운 과목은 개설되지 않는 경우가 많다. 이로 인해 학생의 선택은 형식적인 자유에 머물고, 실제로는 제한된 범위 내에서의 선택만 가능하다.

개선방안 : 교육지원청 중심의 지역 공동교육과정 운영을 확대하고, 온라인 플랫폼을 활용한 원격수업을 병행하여 학생들이 보다 다양한 선택을 할 수 있도록 해야 한다.

2) 교원 수급과 교사 역량 문제

다양한 과목을 운영하려면 교과별 전문성을 갖춘 교원이 필수적이다. 그러나 현재 교원 수급 계획은 기존 정규 교과에 한정되어 있으며, 진로·직업 과목이나 융합형 과목의 교사 배치는 매우 부족하다. 또한 기존 교원 중 다수가 진로상담, 학점 운영, 수업 다양화에 대한 역량 강화를 위한 지원을 받지 못하고 있다.

개선방안 : 교사 재교육과 연수 체계를 강화하고, 순환교사제, 순회교사제 등 유연한 인사제도를 도입해야 한다. 신설 과목을 담당할 수 있는 교원 채용도 유연하게 허용해야 한다.

3) 고교학점제와 대입제도의 정합성 부족

학생들이 과목을 선택하는 데 가장 큰 영향을 미치는 요인은 여전히 대입이다. 하지만 현재 대학입시제도는 교과이수의 다양성과 심화를 제대로 반영하지 못하고 있다. 따라서 고교학점제에서 선택과 집중을 해도 대학 입시에서 제대로 평가받지 못할 수 있다는 불안이 존재한다.

개선방안 : 대학이 고교학점제를 반영한 학생부 중심 전형을 운영하고, 수능 중심의 획일적 평가 체계를 완화하도록 유도해야 한다. 고교–대학 연계 협의체를 공식화하는 것도 하나의 방안이다.

4) 행정업무와 평가의 과중

과목 선택형 수업 구조는 교사들에게 수업 외에 상담, 이수 확인, 평가와 기록 등 추가적인 행정업무를 요구하게 된다. 특히 성취평가제(절대평가)로 전환되면서 평가의 공정성 확보 문제, 등급 산출의 표준화 문제 등이 새로운 부담으로 작용한다.

개선방안 : 평가 기준의 표준화, 자동화된 이수 관리 시스템 도입, 학사지원 전문인력 확충이 필요하다. 교사가 수업과 학생 지원에 집중할 수 있도록 행정 부담을 줄여야 한다.

5) 농·산·어촌 및 소규모 학교의 소외

고교학점제는 도시 지역에 비해 농촌이나 도서지역에서는 더욱 실현이 어렵다. 교과목 다양성을 확보하기 어려운 학교는 교육격차를 더욱 키울 수 있으며, 결국 '제도는 전국적으로 시행되지만 효과는 지역별로 다르게 나타나는' 문제에 봉착하게 된다. 오프라인 운영의 한계를 보완하기 위해 한국방송통신대학교의 '유노캠퍼스(U-KNOU Campus)' 등 공공 온라인 학습 플랫폼을 적극 활용할 필요가 있다. 특히 실시간 쌍방향 원격수업, 녹화강의 콘텐츠 제공, 맞춤형 학습 지원시스템을 통해 학생들이 시간과 공간의 제약 없이 다양한 과목을 수강할 수 있다.

개선방안 : 지역 거점학교 운영, 원격수업 인프라 확대, 학교 간 연계 수업 제도화, 이동수업 지원 등을 통해 지역 불균형을 해소해야 한다.

6) 제도의 철학을 살릴 실행력 강화

고교학점제는 교육의 개별화, 다양화, 자율화를 지향하는 미래 지향적 제도다. 하지만 이 제도가 실효성을 갖추기 위해서는 정책의 디테일, 예산, 인력, 제도 연계가 뒷받침되어야 한다. 선택권의 실질적 보장, 교사 지원 강화, 지역 형평성 확보, 대입제도의 정합성 등 각 영역에서의 종합적인 개선 노력이 병행될 때, 고교학점제는 학생 개개인의 삶을 바꾸고 대한민국 교육의 미래를 바꿀 수 있는 제도로 자리매김할 것이다.

준비 안된 고교학점제, 학교 현장만 힘들다

1. 취지는 좋았지만, 준비는 부족했다

고교학점제는 학생이 진로와 적성에 따라 과목을 선택하고, 이수 기준을 충족하면 졸업하는 제도입니다. 지향점은 분명했습니다.

획일적인 주입식 교육에서 벗어나 학생 중심의 맞춤형 학습을 실현하자는 것이었습니다. 그러나 실제 현장의 목소리는 다릅니다.

"학생이 선택할 과목이 없어요. 교사가 없고, 교실도 없고, 시간표도 맞추기 어렵습니다."

이처럼 제도 취지는 긍정적이지만, 인프라와 시스템이 뒷받침되지 않아 학교 현장은 큰 혼란과 부담을 떠안고 있는 상황입니다.

2. 학생 선택권 보장이라는 허구

고교학점제를 위해서는 다양한 선택과목이 필요합니다. 하지만 대다수 학교는 교사 수급 부족, 시설 부족, 예산 제약 등의 이유로 "형식적 선택"만 가능한 상황입니다.

"이론상으론 20개 과목이 있지만, 실제로 학생이 선택할 수 있는 건 4~5개뿐입니다."

학생들은 선택한 과목이 폐강되거나, 원하지 않는 과목을 강제로 듣는 경우도 있습니다. 결국 '선택권'이란 말이 무색한 제도 운영이 되는 것입니다. 결국 학생의 선택권 보장한다는 취지와 달리, 학교의 개설 과목 안에서만 제한적인 선택이 가능합니다.

3. 교사의 피로도, 역대 최고

교사들은 시간표를 편성하느라 야근이 일상화됐고, 공강 시간에도 타과 학생들의 수업을 지도해야 하며, 새로운 교과서와 평가 기준을 만들기 위해 수개월을 소진하고 있습니다.

"한 과목을 세 학년에서 다른 방식으로 가르쳐야 합니다. 수업 준비만으로도 벅찹니다."

특히 소규모 학교나 농·산·어촌 지역은 과목 개설 자체가 어려워, 고교학점제가 사실상 불가능한 구조입니다.

4. 학생은 수업, 교사는 행정에 지쳤다

학생들도 적응에 어려움을 겪고 있습니다. 선택 과목이 매년 바뀌다 보니 학습의 연계성이 떨어지고, 친구들과 반이 자주 갈려 소속감과 관계 형성이 어려워졌습니다.

"전공 과목을 듣고 싶은데, 매년 교사가 바뀌니까 깊게 배우질 못해요."

한편, 교사들은 수업보다 운영, 행정, 평가 시스템 구축에 쫓기고 있습니다. 정작 교육의 본질인 '좋은 수업'이 점점 사라지고 있다는 우려의 목소리가 큽니다.

5. "전면 시행 전에 반드시 점검해야 할 것들"

고교학점제의 전면 시행은 이미 다가왔지만, 제도의 지속 가능성을 위해 반드시 정비되어야 할 과제가 남아 있습니다.

▸ **교원 확보와 탄력적 인사 시스템**

과목 다양화를 위해선 교사가 필요합니다. 지역 간 순환, 원격 공동교육 시스템, 지역별 교사풀 운영 등이 필요합니다.

▸ **학교 규모와 환경 고려한 맞춤형 설계**

모든 학교에 일괄적인 기준을 적용하는 것이 아니라, 학교 여건에 따라 단계적 도입과 유연한 운영 기준이 필요힙니다.

▸ **교육청·지자체의 실질적 지원 강화**

시설, 예산, 교원, 운영 인력 등에서 실질적인 투입과 지원이 없다면 학교는 계속해서 '무너지는 현장'을 혼자 떠안게 됩니다.

6. 결론 : 공교육을 혁신하려면, 현장의 목소리부터 들어야 한다

고교학점제는 분명 미래 교육으로 가는 중요한 길목입니다. 하지만 제도는 철학만으로 작동하지 않습니다.

현장을 고려하지 않은 정책은 오히려 학교를 피로하게 하고, 학생을 혼란스럽게 하며, 교육의 본질을 왜곡시킬 수 있습니다.

지금처럼 현장의 의견을 무시한 채 제도를 강행하면, 고교학점제는 교육 혁신이 아닌 교육 붕괴의 신호탄이 될 수 있습니다. 학교는 실험장이 아닙니다. 제도는 현실을 바탕으로 추진되어야 하며, 그 중심에는 학생과 교사, 학교 현장이 있어야 합니다.

"제도를 바꾸기 전에, 교실을 들여다보십시오."

이 외침이 헛되지 않도록, 정부와 교육 당국은 현장의 목소리를 정책과 예산으로 반영해야 합니다.

"아이의 선택이 곧 미래입니다. 누구나 배우고 싶은 과목을 선택할 수 있는 선택권을 보장해야 합니다."

-저자 류수노

고교서열화와 대입 불공정, 어떻게 해소할 것인가?

"학교는 달라도 교육의 기회는 같아야 한다."
"출발점이 다른 것이 아니라, 도착점이 평등해야 한다."

1. 고교서열화와 대입불공정은 교육불평등의 핵심

서열화된 고교체계, 공정한 경쟁이 가능한가? 오늘날 우리 사회에서 고교 선택은 단순한 교육 과정의 문제가 아닙니다. 중학생과 학부모는 고등학교를 선택할 때, 어느 학교가 대학에 더 유리한가?를 고민합니다. 왜냐하면 입시에서 여전히 특목고·자사고가 유리하다는 현실적인 인식이 존재하기 때문입니다. 외고와 과학고, 자사고 등 특수 목적 학교는 성적 상위권 학생이 몰리고, 이들이 상위권 대학에 진학하는 비율도 높은 것이 사실입니다. 대입에서 '내신의 절대값'보다 어느 학교 출신인지가 평가에 영향을 미치는 구조는 공교육 전체의 신뢰를 무너뜨리고 있습니다.

"같은 1등급이어도 학교에 따라 다르게 평가받는 현실, 이대로 괜찮은가?"

• 교육 불평등의 악순환 : 사교육-고입-대입으로 연결됩니다

서열화된 고교체계는 중학교 때부터의 과도한 사교육 경쟁을 유발합니다.

　　더 좋은 고등학교에 진학하려는 경쟁이 시작되고, 이는 곧 사교육비 증가, 지역 간 불균형, 교육의 계층화로 이어집니다. 또한, 특목고·자사고에 비해 상대적으로 커리큘럼이 제한적인 일반고 학생은 "불리한 싸움"을 해야 하고, 이는 학부모의 불신으로 돌아옵니다.

　　단순 폐지? 그것만으로는 해결되지 않습니다. 정부는 자사고와 특목고의 일반고 전환을 추진해 왔지만, 정작 중요한 것은 "학교의 이름을 바꾸는 것"이 아니라, "교육의 기회와 질을 평등하게 보장하는 것"입니다. 고교 유형만 없앤다고 해서 커리큘럼의 격차, 교사의 역량 차이, 대학의 평가 기준이 자동으로 평준화되는 것은 아닙니다.

2. 고교체제 개편과 대입제도 개혁의 동시 추진

1) 일반고의 다양성과 경쟁력을 높여야 한다
- 고교학점제 실질화
- 지역 공동교육과정 운영
- 온라인 수업 플랫폼(예 : 한국방송통신대학교 유노캠퍼스)의 적극적 활용
- 교사 연수와 교육과정 질 제고

2) 대학의 선발 기준을 투명하고 공정하게 개선해야 한다
- 고교 유형이나 지역에 따른 차별 금지

- 평가 기준 공개와 학교 프로파일링 배제
- 블라인드 입학자료 적용 확대

3) 학부모의 신뢰 회복, 교육정보의 공공성 강화

- 고교 교육력·대입 결과 등 공공정보의 투명한 공개
- 과도한 정보 비대칭 해소를 위한 정책 자료 제공

고교 서열화 해소는 교육 공정성과 계층 이동의 가능성을 복원하는 일입니다.

입시 구조가 출신 배경에 따라 이미 기울어진 운동장이라면 그 누구도 희망을 갖기 어렵습니다. 고교 교육은 획일적이기보다 다채로워야 하며, 학생의 개성과 잠재력이 공정하게 평가받을 수 있도록 설계되어야 합니다. 그리고 그것은 바로, 서울교육부터, 우리 교육부터 변화되어야 할 과제입니다.

학교가 서열화되지 않고, 학생이 차별받지 않는 사회. 입시가 인생의 전부가 아닌 사회. 그러한 사회를 향한 용기있는 전환이 지금 필요합니다.

아이의 선택이 곧 미래입니다. 자유로운 선택의 사다리를 세우고, 누구나 배우고 싶은 과목을 선택할 수 있는 과목 선택권을 학생들에게 보장되어야 합니다.

"출발선의 차이를 극복할 수 있는 것이 교육이어야 한다."

"개천에서 용 나던 시대, 그것이 교육이었고 그것이 공정이었다."

제4장

민주시민교육의 기반, 인성교육

1. 인성교육의 중요성과 민주시민 역량

21세기는 지식의 양보다 가치와 태도, 공존의 역량이 더욱 중요해진 시대다. 특히 인공지능과 디지털 기술이 인간의 업무를 대체해 가는 사회에서는 공감 능력, 협력, 책임감, 도덕성 등 인간 고유의 사회적 역량이 더욱 강조된다. 따라서 단지 지식 중심의 교육을 넘어 민주시민으로서의 자질을 갖춘 인격체로 성장시키는 인성교육이 필수적이다.

민주시민교육은 개인이 공동체의 일원으로서 권리와 의무, 다양성의 존중, 비판적 사고와 참여의식을 지니고 살아가도록 돕는 교육이다. 이는 궁극적으로 민주적 가치에 대한 내면화와 실천 능력 함양을 목적으로 하며, 이러한 시민성을 기초로 한 인성교육은 오늘날 미래교육의 핵심 구성 요소로 자리 잡고 있다.

2. 현재 인성교육의 실태와 한계

현재 한국의 교육은 여전히 입시 중심 구조 속에서 인성교육의 실질적인 실현에 어려움을 겪고 있다. 학교 현장에서는 인성교육을 별도의 교과나 행사, 체험 중심의 일회성 활동에 의존하거나, 생활지도 차원으로 제한적으로 접근하는 경우가 많다.

또한, 정서적 발달과 시민의식을 길러야 할 중요한 시기인 초·중등 시기에, 인성교육은 성적과 무관하다는 이유로 후순위로 밀리곤 한다.

이런 현실은 청소년들의 공감 능력 저하, 공동체 의식 부족, 학교폭력 및 혐오 표현 증가 등의 문제로 나타나고 있다. 더 나아가 사회 전체의 신뢰 기반과 공동체적 통합력의 약화로 이어지고 있다. 인성교육의 체계적 접근과 일관성 있는 정책 지원 없이, 단편적 프로그램이나 캠페인만으로는 변화된 사회에 적응할 수 있는 민주시민을 양성하기 어렵다.

3. 학교에서의 민주시민교육 강화 방안

학교는 학생들의 가치관과 사회적 태도가 형성되는 중요한 공간이다. 따라서 교과와 창의적 체험활동, 학교 운영 전반에 민주시민교육의 요소를 통합하는 노력이 필요하다.

첫째, 사회과 교육, 도덕교육, 윤리교육 등 기존 교과에 민주시민 교육의 핵심 개념(예 : 인권, 다양성, 사회참여, 지속가능성 등)을 통합하여 교육 내용을 강화할 수 있다. 특히 최근 강조되는 기후위기, 성평등, 디지털 시민성 등의 주제도 교육과정 속에서 다루어야 한다.

둘째, 학생 참여 중심의 학교 문화를 조성해야 한다. 학생 자치 활동, 토론과 협력학습, 민주적 의사결정 경험은 이론이 아닌 실제를 통해 민주시민성을 체득할 수 있는 중요한 기회이다. 교사들은 학생들에게 단순히 지시하거나 평가하는 존재가 아니라, 함께 문제를 해결하고 의미 있는 질문을 던지는 동반자가 되어야 한다.

셋째, 교사 연수 및 전문성 강화를 위한 제도적 지원이 필요하다. 민주시민교육은 단순한 교과 전달이 아닌 관계 중심 교육, 가치 중심 수업, 경청과 소통의 태도가 요구된다. 이를 위해 교사들에게 시민교육 관련 연수와 교육자료, 수업 모형을 지속적으로 제공해야 한다.

4. 지역사회 및 가정과의 연계

인성교육은 학교만의 과제가 아니다. 가정과 지역사회가 함께 협력하여 학생들에게 일관된 가치관을 심어주는 환경을 만들어야 한다. 이를 위해 지역사회 연계 프로그램, 자원봉사활동, 지역의 공공기관과 협력한 체험학습 등이 확대되어야 하며, 학부모 대상의 민주시민 교육과정도 함께 운영되어야 한다.

또한 미디어 리터러시 교육, 디지털 시민성에 대한 사회적 공감대를 형성하고, 온라인 공간에서의 윤리의식과 공동체 정신도 함께 가르쳐야 한다. 이는 가정에서의 언어 습관, 표현 방식, 사회적 태도와도 밀접하게 연결되어 있기 때문이다.

5. 미래를 위한 교육 방향

지금의 청소년은 10년, 20년 뒤 사회의 주축이 될 세대다. 이들이 단순히 지식만 많은 사람이 아닌, 다른 사람과 협력할 수 있고, 공동체의 가치를 존중하며, 책임감 있게 사회에 참여할 수 있는 사람으로 성장하는 것이 교육의 궁극적 목표가 되어야 한다.

인성교육과 민주시민교육은 단기간의 성과보다 장기적이고 지속적인 접근이 필요한 영역이다. 이를 위해 국가 차원의 교육과정 개편, 법적 기반 강화, 예산 확대, 교사 역량 강화가 함께 이뤄져야 한다. 또한 학교와 지역사회, 가정이 함께 '배움의 공동체'로 연결되어야 한다.

이러한 전환을 통해 한국 교육은 단순한 경쟁을 위한 교육이 아닌, 더불어 살아가는 성숙한 시민을 양성하는 교육으로 나아가야 할 것이다.

제5장

노동시장과 연계된 진로교육

1. 급변하는 노동시장과 진로교육의 역할

4차 산업혁명과 디지털 대전환, 그리고 인구 구조 변화는 노동시장의 성격을 근본적으로 바꾸고 있다. 직업은 사라지기도 하고 새롭게 생기며, 고용 안정성은 낮아지고, 비정형·플랫폼 노동이 확대되는 등 청년들의 미래를 예측하기 어려운 시대가 되었다. 이러한 변화 속에서 학생들이 자신의 역량과 적성에 맞는 진로를 찾고 준비할 수 있도록 돕는 진로교육의 중요성이 더욱 커지고 있다.

진로교육은 단지 직업 정보를 제공하는 것을 넘어, 미래 사회를 살아갈 수 있는 역량을 키우고, 자기주도적 삶의 방향을 설정하도록 돕는 핵심 교육이다. 따라서 학교는 변화하는 노동시장과 긴밀하게 연계하여 진로교육의 내용을 혁신하고 실행 방식을 다변화해야 한다.

2. 현재 진로교육의 한계

오늘날 우리 교육이 직면한 가장 큰 문제 중 하나는 학교와 노동시장의 단절이다. 학생들은 오랜시간 교실에서 공부하지만, 졸업 후 사회에 나서면 배운것과 현실 사회의 깊은 간극에 부딪힌다.

현재의 진로교육은 여러 정책적 시도에도 불구하고 여전히 형식적·일회성 활동에 머무르는 경우가 많다. 진로 탐색 수업이나 체험 프로그램이 마련되어 있더라도, 진로교육 전담교사의 전문성 부족, 현장 체험처의 한정성, 학년별 체계성 부족, 학생 개인의 진로설계에 대한 맞춤 지원 미비 등으로 인해 교육 효과는 제한적이다.

또한, 입시 중심의 교육 구조는 학생들의 진로 탐색을 위한 시간과 여유를 빼앗는다. 진로보다는 학업 성취에 초점이 맞춰진 교육과정 속에서 진로교육은 부차적인 영역으로 간주 되기 쉽고, 진정한 의미의 진로 설계는 이루어지기 어렵다.

3. 학교와 노동시장 연계 강화 방안

우리 사회가 직면한 가장 큰 과제는 학교교육과 노동시장 사이의 간극을 줄이는 일이다.

진로교육을 실질화하기 위해서는 학교와 노동시장 간의 연결을 더욱 촘촘하게 만들어야 한다.

첫째, 학교 교육과정과 산업계의 수요가 맞닿을 수 있도록, 직업 세계와 연계된 프로젝트형 수업, 실습 중심 수업, 직무 체험 활동 등을 정규 수업에 통합할 필요가 있다. 예를 들어 지역 산업 기반과 연결된 체험학습, 직업인 멘토링 프로그램, 기업 연계 프로그램 등을 학교에 도입하는 것이다.

둘째, 중등 교육단계에서부터 다양한 진로를 탐색할 수 있도록, 진로 중심 선택과목의 확대, 직업 체험 중심 교육과정 운영, 진로 맞춤형 학습 설계 지원 체계가 필요하다. 특히 고등학교에서는 진로-진학-직업이 연결될 수 있도록 학점제, 이수 체계, 진로 컨설팅 등이 유기적으로 연계되어야 한다.

셋째, 학생 개개인의 역량과 적성을 진단하고 발전시킬 수 있는 진로 포트폴리오 기반의 지속적 상담과 피드백 체계가 구축되어야 한다. 이를 위해 전문 진로상담교사의 배치 확대, AI 기반의 진로 설계 시스템 도입 등의 정책적 지원이 필요하다.

4. 진로교육의 사회적 연계 강화

진로교육은 학교 내부에서만 이루어져서는 부족하다. 지역사회, 기업, 공공기관, 대학, 직업훈련기관 등과의 협력이 강화되어야 한다.

지역 단위에서는 진로교육 지원센터, 지역 인재 육성 거버넌스 등을 통해 청소년들에게 지역 직업군에 대한 정보와 진로 체험 기회를 제공해야 한다. 산업계는 현장 실습, 직업 멘토링, 인턴십 프로그램 등을 제공함으로써 교육과 노동을 잇는 다리 역할을 해야 한다. 또한, 고졸 취업 활성화 정책과 연계하여, 졸업 후 취업이 가능한 다양한 경로를 안내하고, 기업과 연계된 교육 – 취업 연계 경로(Education to Employment, E2E)를 강화할 필요가 있다.

5. 미래형 진로교육의 방향

앞으로의 진로교육은 고정된 직업 정보를 전달하는 것을 넘어, 스스로를 이해하고 변화에 적응하며 자기 주도적으로 삶을 설계하는 능력을 키우는 방향으로 나아가야 한다. 즉, 신로교육은 곧 삶의 교육이자, 평생학습의 기초가 되는 교육이다. 이를 위해 진로교육은 다음과 같은 방향으로 전환되어야 한다.

- AI 시대에 필요한 역량 기반 진로설계 : 문제해결력, 창의력, 협업능력, 디지털 리터러시 등 핵심역량 기반의 진로교육
- 평생학습 시대와 연계된 유연한 진로 경로 설계 : 진학-진로-직업의 다양한 경로를 인정하고, 이를 연결하는 제도 설계
- 다양성을 존중하는 진로 선택 문화 조성 : 특정 직업만을 선호하는 사회적 분위기에서 벗어나, 다양한 직업과 삶의 방식을 존중하는 문화 구축

진로교육은 단순히 직업을 찾는 교육이 아니라, 학생이 자신의 삶을 주체적으로 설계하는 힘을 길러주는 교육이다. 변화하는 시대에 대비하기 위해, 진로교육은 교육의 변두리가 아니라 중심으로 옮겨와야 하며, 학교와 사회가 함께 진로교육을 책임지는 구조로 개편되어야 한다.

정부와 교육 당국은 진로교육을 위한 예산 지원과 제도적 기반을 확충하고, 교사와 학부모, 지역사회와 함께하는 거버넌스 기반 진로교육 체계를 수립함으로써, 미래 세대가 주도적으로 자기 삶을 이끌 수 있는 기반을 마련해야 할 것이다.

"진로교육 없는 학교는 현실과 동떨어진 섬에 불과하다."

"노동시장과 연결된 교육이야말로 공교육 정상화의 다음 과제다."

제6장

경제의 허리, 직업교육

1. 직업교육은 국가 경쟁력의 뿌리다

대한민국은 지난 반세기 동안 고도성장을 이뤘지만, 그 이면에는 지나치게 '대학 중심'으로 기울어진 교육 구조가 자리하고 있다. '좋은 대학', '좋은 스펙'이 성공의 필수조건으로 인식되면서, 직업교육은 '대안' 또는 '비주류'로 취급받아 왔다. 하지만 지금의 대한민국이 직면한 현실은 달라졌다.

저출산과 고령화, 디지털 전환, 산업 구조 재편은 이제 고졸 실무형 인재, 기술형 인재, 창의적 문제해결 능력을 갖춘 직업 중심형 인재를 절실히 요구하고 있다. 단순 노동은 AI와 자동화 기술이 대체하지만, 현장의 감각과 숙련된 기술은 사람만이 수행할 수 있는 영역으로 남는다.

"왜 직업교육이 중요한가?". 그 이유는 단 하나, 직업교육이 경제의 허리를 지탱하는 가장 강력한 인적 기반이기 때문이다.

2. 우리나라 직업교육의 현주소

현재 우리나라의 직업교육은 여러 가지 한계에 부딪혀 있다. 우리나라 직업계고 학생의 비율은 1980년 44.7%에서 2018년 18.5%, 2022년 16.4%로 감소했다. 직업계고 학생의 비율은 더욱 감소할 것으로 예측된다. 직업계고 학생의 비중이 감소 하다보니 이들을 위한 교육정책도 일반고에 비해 매우 미비한 실정이다. 일반고-대학 진학-취업의 성장경로가 너무 당연시되는 사회가 되어 이들 16.4%의 학생들은 소외되고 있다.

- 사회적 인식의 한계 : "공부 못하면 기술 배운다"는 잘못된 통념은 여전히 사라지지 않았다.
- 산업 연계의 부족 : 교육과 산업 현장의 간극이 크고, 실제 취업과 연결되지 못하는 경우가 많다.
- 진로 설계의 제약 : 직업계고 졸업 후 경력 설계나 진학이 불리하며 경력 개발이 단절되는 구조다. 직업계고, 마이스터고, 특성화고 등 제도적 장치는 마련되어 있으나, 여전히 대학 진학률은 2023년 46.96%로 직업계고를 졸업했음에도 불구하고 바로 취업하기보단 대학 진학을 선호하는 학생이 증가하고 있다.

3. 직업교육의 가치, 왜 지금 다시 주목해야 하는가?

첫째, 직업교육은 빠르게 변화하는 산업 구조에 즉각 대응할 수 있는 유연성과 실용성을 갖추고 있다. AI, 반도체, 바이오, 그린에너지 등 첨단 산업의 최전선에서 요구되는 숙련 인재는 단지 이론 중심의 고등교육으로는 길러지기 어렵다.

둘째, 직업교육은 지역 균형발전의 핵심이다. 지역 산업과 연계된 직업교육은 지역의 일자리 창출과 인구 정착을 유도한다. 따라서 직업교육의 활성화는 수도권 집중 문제 해결과도 연결된다.

셋째, 직업교육은 학력보다는 능력을 중심으로 인재를 평가하는 공정사회 구현의 통로이다. 고졸로도 사회에서 성공할 수 있다는 가능성은 교육 불평능 해소의 핵심이나.

4. 어떻게 직업교육을 바꿔야 하는가?

1) 교육과 산업을 연결하는 구조 개편
직업교육은 교육부만이 아닌 산업부, 중기부, 지자체와의 협업 속에서 '직업교육 거버넌스'로 발전되어야 한다.

2) 고졸 경력 설계 시스템 구축
고졸 이후 '일하면서 공부할 수 있는' 유연한 진로 설계 시스템을 마련해야 한다. 후속 학위 연계, 일학습 병행제, 온라인 학사 학위 취득 등 선택지가 필요하다.

3) 직업계고 교원의 역량 강화

전문성과 실무능력을 동시에 갖춘 교원의 확보와, 현장 중심 연수가 필수적이다. 교육을 전달하는 사람의 질이 곧 교육의 질이다.

4) 차별 없는 채용과 승진 시스템 구축

공공기관과 민간 기업 모두 학벌이 아닌 직무역량 중심 채용 문화를 선도하고, 경력과 능력을 기반으로 승진할 수 있도록 제도 개선이 필요하다.

5. 직업교육이 바꾸는 사회

직업교육은 단순한 기능인 양성이 아니다. 그것은 곧 사회가 얼마나 공정한 기회를 제공하고, 경제의 허리를 튼튼히 세우며, 희망을 나누는 사회로 나아갈 수 있는지를 가늠하는 척도다. 직업교육이 존중받는 사회야말로 지속가능한 대한민국의 미래를 열 수 있다.

"기술은 곧 자산이고, 능력은 최고의 자격증이다."

대한민국의 미래는 더 이상 학벌로만 평가할 수 없다. 직업교육은 청년에게 실질적인 미래를 열어주고, 중장년에게는 제2의 경력을 제공하며, 고령자에게도 사회 참여의 통로가 된다.

고졸 성공 신화, 숙련 기술 장인, 창의적 현장 리더가 존중받는 사회, 그것이 직업교육이 꽃피우는 대한민국의 미래상이다.

"기능 인재는 사회의 숨은 주역이며, 직업교육은 대한민국의 숨은 엔진이다."

우리는 직업교육으로 미래를 준비해야 한다.

"직업교육을 강화하는 것이 곧 경제의 허리를 튼튼히 세우는 일이다."

"직업교육은 개인에게는 자립의 길을, 국가에는 번영의 길을 열어준다."

제7장

자유와 경쟁, 경제교육

1. 왜 경제교육이 중요한가?

오늘날 우리는 초등학생도 주식투자에 관심을 갖는 시대에 살고 있다. 뉴스와 SNS, 일상 대화 속에서도 물가, 금리, 환율, 부동산, 연금 등의 경제 용어가 익숙하게 회자된다. 그러나 정작 청소년들이 체계적으로 경제를 배우는 기회는 매우 제한적이다. 경제는 단순히 돈의 흐름만이 아닌, 삶의 선택과 자원의 배분을 이해하는 힘이다. 더 나아가 민주시민으로서 책임 있는 판단을 내리는 능력과도 연결된다. 공정한 경쟁과 자율성, 사회적 책임의 균형을 아는 시민을 길러내기 위해, 경제교육은 선택이 아닌 필수가 되어야 한다.

2. 자유와 경쟁을 어떻게 가르칠 것인가?

경제교육에서 가장 민감한 개념 중 하나는 '자유'와 '경쟁'이다. 자유 시장경제는 창의와 효율을 추구하지만, 방임적 자유는 불공정과 격차를 확대할 수 있다. 경쟁은 성장과 혁신의 원동력이 될 수 있지만, 그 경쟁이 공정하지 않다면 사회는 갈등과 분열로 치닫게 된다. 따라서 경제교육은 무조건적인 경쟁과 효율의 미화가 아닌, 공정한 규칙 속의 자유, 기회의 평등 위의 경쟁, 시장과 공공성의 균형을 가르쳐야 한다. 학생들은 경제의 작동원리뿐 아니라, 그 속에서의 윤리적 책임과 공동체적 연대에 대해서도 함께 배워야 한다. 경제교육은 자유로운 선택을 가능하게 하고 경쟁은 그 선택을 성장으로 이끈다.

"자유로운 시장은 공정한 경쟁이 전제될 때만이 정당성을 가진다."
                                                              -프리드리히 하이에크

3. 학교 경제교육의 현실과 한계

현재 초·중등학교에서의 경제교육은 사회과목 일부에 간헐적으로 포함되어 있으며, 선택 과목으로 제공되는 경우도 드물다. 더욱이 실제 경제생활과 동떨어진 내용으로 구성되어 있어, 학생들에게 실질적인 생활경제 이해도를 높이기엔 한계가 있다. 또한, 진로교육과 연계한 창업·소비자교육, 금융교육, 노동시장 이해 교육 등은 학교 간, 지역 간 격차가 크고 교사 전문성의 차이도 크다. 어느 학교는 가상창업 프로젝트를 통해 기업가정신과 시장경제를 실습하지만, 대다수 학교는 '시장경제' 개념을 암기식 수업으로만 접한다.

4. 경제교육, 어떻게 실천할 것인가?

1) 경제를 삶과 연결하자

생활 속 소비, 금융, 알바 계약, 창업 시뮬레이션 등 학생들이 실제로 접하는 문제를 중심으로 경제 개념을 가르쳐야 한다.

2) 교육과정부터 바꾸어야 !

사회·수학·기술가정·정보 교과 등과 연계해 경제 이해력을 넓히고, 프로젝트 기반 융합 수업으로 문제해결 역량을 높일 수 있다. 경제교육의 목표가 경제학 교육을 답습하는 것이 아니라 경제적 민주시민성의 함양이 되어야한다.

3) 디지털 경제교육 플랫폼 강화

AI, 디지털 자산, 플랫폼 노동 등 신경제 환경에 맞춘 교육 콘텐츠와 시뮬레이션 툴을 활용한 몰입형 경제교육이 필요하다. 서울시 차원의 온라인 교육 플랫폼을 통해 공공재로 제공할 수 있다.

4) 교사 연수 및 전문가 연계 확대

경제교육 역량을 갖춘 교사 양성과 더불어 기업, 금융기관, 사회적 경제 전문가 등과 연계한 외부 강의 및 체험프로그램 운영이 절실하다. 교과서 집필진에 경제 전문가를 포함하여야 학교 교육에서 경제교육이 제대로 될 수 있다. 교육과정의 개편과 함께 경제를 가르키는 교사들의 경제 이해력을 높여야한다.

5. 미래 세대를 위한 경제 시민교육

21세기형 시민은 단지 권리를 누리는 존재가 아닌, 경제적 주체로서 책임과 참여를 아는 인간이다. 경제교육은 청소년들이 자신의 삶을 수도적으로 설계하고, 더불어 사는 사회를 만들어가는 힘을 길러주는 교육이어야 한다. 서울교육에서 경제교육은 단순한 지식 전달을 넘어서야 한다. 자유경쟁을 통한 효율적인 자원 배분으로 경제성장을 촉진시켜 개발도상국에서 G7 국가로 진입한 우리나라의 경제성장의 성과에 대한 교육을 강화해야 한다. 자유와 경쟁의 가치를 바르게 이해하고, 공정과 협력의 규범을 내면화하는 과정이 바로 '경제교육'의 본질이다. 그런 점에서 경제교육은 미래 교육의 핵심축이며, 학생들의 삶의 자립성과 사회적 통합을 동시에 실현하는 교육 혁신의 디딤돌이 되어야 한다.

제1장

대학교육, 왜 변해야 하는가?

4차 산업혁명의 도래로 많은 것들이 변화하고 있다. 산업 구조와 일자리가 변하고, 일하는 방식과 학습하는 방식이 변화하고 있다. 21세기 중반으로 들어가는 현대인들은 엄청난 난기류 속에서 살고 있으며 바야흐로 인류 문명은 새로운 시대를 향해 질주하고 있다. 학자들은 다가오는 네 번째 파도가 만들어내는 세상을 4.0시대라고도 한다.

1. 교실에서만 공부하는 시대는 끝났다

한때 교실은 배움의 중심이었다. 칠판, 분필, 강의가 지식 전달의 전부였던 시절이 있었다. 하지만 지금은 시대가 달라졌다. 정보는 교실 밖, 손끝에서 생산되고 유통된다. 지식은 인터넷과 AI를 통해 실시간으로 축적되고 있다. "공간 중심"의 교육은 이제 "네트워크

중심"의 교육으로 바뀌고 있다. 코로나19 팬데믹은 그 전환을 가속화시켰다. 전 세계 대학들이 비대면 교육을 경험하며 교육의 디지털 전환이 불가피함을 확인했다. 교실은 이제 더 이상 유일한 학습 공간이 아니다. 유튜브 강의, MOOC, 마이크로러닝, AR/VR 학습 콘텐츠가 새로운 교육 환경을 주도하고 있다.

2. 포스트 코로나 시대, 교육은 무엇을 준비해야 하는가?

포스트 코로나 시대의 대학교육은 물리적 공간에 묶여선 안된다. 학습자는 언제 어디서든 학습할 수 있어야 하고, 교수자는 기존의 전달자에서 촉진자로, 설계자로 변화해야 한다. 실험실에서 배운 이론은 현실과 접목돼야 하며, 배운 지식은 협업과 문제해결이라는 실천을 통해 살아나야 한다. 이제는 '대학 = 캠퍼스'라는 등식은 더 이상 유효하지 않다. 진짜 대학은 네트워크와 연결된 지식공동체이며, 학습자의 시간과 공간을 초월하는 '열린 캠퍼스'로 진화해야 한다. 교실 안에만 머무르는 교육은 더 이상 학생들을 설득할 수 없다.

코로나 19 이전에는 온라인 강의 비중이 20% 이상이면 사이버대학으로 분류되었으나, 코로나 이후 이 규제가 교육부에서 해제되어 일반대학에서도 온라인 강의가 일반화되었다. 비대면 온라인 강의가 새로운 일상(new normal)이 되었다.

3. 일자리와 핵심 역량의 변화

산업구조의 변화는 교육의 내용과 방식에도 혁신을 요구한다. AI, 빅데이터, 바이오, 친환경, 로봇공학, 블록체인 등 새로운 산업군이 성장하며 '전통적인 일자리'는 빠르게 사라지고 있다. 기계가 사람의 인지 기능을 대체하는 기계학습(machine learning)이 핵심 역량이 되고 있다. 기계학습의 한 종류인 딥러닝(deep learning)이 이미지 인식, 음성 인식, 번역 등을 컴퓨터가 할 수 있도록 만든다. 기업이 요구하는 인재상도 바뀌고 있다. 단순한 전공지식이나 학점보다 다음과 같은 역량이 중요시되고 있다

- 문제 해결력과 융합적 사고
- 디지털 리터러시와 데이터 활용 능력
- 팀워크와 커뮤니케이션 능력
- 자기주도성과 학습 민첩성

하지만 지금의 대학은 이런 역량을 체계적으로 키워주지 못하고 있다. 교과 중심, 이론 중심, 시험 중심 교육은 졸업장을 따고도 사회에 적응하지 못하는 청년층을 양산하고 있다.

4. 입학 자원 급감, 대학의 위기를 예고

2024년부터 대한민국은 입학 정원보다 수능 응시생 수가 적은

시대에 돌입했다. 또한, 대학 입학과 직접 관계되는 고등학교 졸업 예정자의 대학 진학률은 2008년 83.8% 이후 2023년 76.2%로 지속적으로 하락하고 있다. 만 18세 되는 인구의 감소는 대학 체제 전반의 구조조정을 예고하고 있다. 수도권과 일부 인기학과를 제외한 다수의 지방대학은 신입생 모집에 비상이 걸렸다. 이는 단순히 '학생 수 부족'의 문제가 아니다. 대학의 존재 이유에 대한 국민적 회의와 사회적 신뢰 상실이 맞물리며 대학의 존립 자체가 위협받고 있다. 이제 대학은 과거의 방식대로 유지하는 것이 아니라, 전면적인 혁신을 통해 '선택받는 교육기관'으로 거듭나야 한다. 교육 콘텐츠의 질, 교수자의 전문성, 학습자 경험 중심 설계, 사회 연계형 커리큘럼 등 모든 영역에서 변화가 필요하다.

"교실에만 갇힌 교육은 설 자리가 없다. 이제 대학은 '언제 어디서든 배울 수 있는' 플랫폼이 되어야 한다."

"포스트 코로나 시대, 대학은 교실을 넘어 사회로 확장되어야 한다. 실험은 현실과 연결되고, 배움은 삶으로 이어져야 한다."

"학생이 줄고 있다. 대학은 줄어든 수요를 탓하기 전에 왜 학생들이 외면하는지를 먼저 물어야 한다."

제2장

대학은 단순히 취업의 디딤돌이 아니다

1. 대학, 단순한 자격증 공장이 아니다

대한민국의 많은 청년들이 대학을 '좋은 일자리로 가는 관문'으로 여긴다. 이는 무리가 아니다. 오랜 시간 동안 대학은 학벌과 취업, 사회적 지위와 연결된 신분 상승의 통로였다. 이른바 "대학 입학 = 미래 보장"이라는 등식이 우리 사회에 깊이 뿌리내려 왔다. 그러나 지금은 다르다. 대학 졸업장이 곧 취업을 보장하지 않는다. 수많은 청년들이 '이태백(20대 태반이 백수)', '취업 준비생', '졸업 유예생'으로 불리는 현실 앞에 놓여 있다. 그럼에도 여전히 많은 대학은 고루한 커리큘럼과 평가 방식으로 학생들을 소모하고 있다. 대학은 단순한 직업 교육기관이 되어서는 안된다. 단순히 기업이 원하는 스펙을 갖춘 노동력을 양산하는 데 그쳐서는 안된다. 대학은 더 넓고 깊은 '사유의 공간'이어야 하며, 인간과 사회, 문명과 기술, 윤리와 미래에 대해 고민하는 '지성의 공동체'로 자리매김해야 한다.

2. 대학은 '사고하는 힘'을 기르는 곳이다

대학의 진정한 기능은 비판적 사고력, 창의력, 문제 해결 능력을 기르는 데 있다. 시대는 빠르게 바뀌고 있다. 오늘 배운 기술이 내일이면 구시대의 것이 되고, 어제까지 유망하던 직종이 하루아침에 사라지기도 한다. 이럴 때일수록 중요한 것은 "스스로 생각하고, 질문하고, 배우는 능력", 곧 학습자 자신의 지적 자립성이다. 하지만 입시 위주의 경쟁 교육을 거쳐 대학에 들어온 학생들은 질문하는 법을 배우지 못한 채 주어진 정답을 찾는 데 익숙해져 있다. 이것이 우리 교육의 근본적인 문제다. 대학은 정답을 가르치는 곳이 아니라, 문제를 발견하게 하는 곳이어야 한다. 학문 간의 경계를 넘나들며 새로운 관점을 제시하고, 스스로 배움의 방향을 설계하는 능력을 키우는 곳이 대학이어야 한다.

3. 인간의 깊이를 키우는 인문적 상상력의 장이다

4차 산업혁명 시대, 인공지능이 인간의 노동을 대체하고 있는 이때, 오히려 가장 중요한 것은 인문학적 상상력과 공감 능력, 윤리적 통찰이다.

기술은 빠르게 발전하고 있지만, 인간의 정체성과 삶의 의미는 더 많은 고민을 필요로 한다. 대학은 이러한 질문을 던지고 성찰할 수 있는 공간이 되어야 한다. 철학, 문학, 역사, 예술 같은 학문은 미래사회에서 사라지는 것이 아니라, 오히려 기술과 융합하여 더 강력한 문제 해결 도구로 거듭나야 한다. "AI 시대에 가장 인간적인 것이 가장 경쟁력 있는 것"이라는 말처럼, 대학은 인간에 대한 탐구와 가치 중심 교육을 강화해야 한다. 결국 우리가 만들어갈 사회는 기술로만이 아니라, 사람에 대한 이해와 상상력으로 완성된다.

4. 진정한 대학은 삶의 방향을 묻는 공간이다

많은 학생들이 대학을 졸업하면서도 "내가 진짜 원하는 것이 무엇인지 모르겠다"고 토로한다. 이는 대학이 취업에만 몰입한 나머지, 학생 개인의 삶과 꿈, 가치에 대해 성찰할 시간을 충분히 제공하지 못했기 때문이다.

대학은 지식과 기술만이 아니라 삶의 방향과 존재의 이유를 묻는 교육을 해야 한다. 진정한 고등교육은 스펙을 쌓는 것이 아니라, '나는 누구이며, 어떻게 살 것인가'를 고민하게 만드는 것이다. 그 과정 속에서 학생은 스스로 삶의 목적을 발견하고, 배움의 동기와 미래에 대한 주도권을 갖게 된다.

"대학은 취업을 위한 징검다리가 아니라, 존재를 성찰하고 새로운 길을 모색하는 항해의 출발점이다."

"미래가 불확실할수록 교육은 더 근본적인 질문을 던져야 한다. 대학은 그 질문을 함께하는 공동체다."

5. 새로운 대학의 상을 다시 그려야 한다

이제는 대학의 존재 이유를 다시 물어야 할 시점이다.
- 대학은 배움을 위한 공동체가 되어야 한다.
- 학문 간 경계를 허무는 융합 교육의 장이 되어야 한다.
- 배움이 삶과 연결되는 곳, 즉 실천적 인문정신과 혁신이 만나는 지식의 허브가 되어야 한다.

이를 위해서는 단지 교육과정의 개선만이 아니라, 대학 철학의 재정립이 필요하다. 국가와 사회도 이러한 방향성을 견지한 채, 대학의 공공성과 자율성을 함께 보장하는 정책을 수립해야 한다. 대학은 더 이상 '취업학원'이어서는 안된다. 대학은 사회를 깊이 있게 이해하고, 인간다운 삶을 고민하며, 자기 삶을 주체적으로 설계할 수 있는 힘을 길러주는 공간이어야 한다. 지금 우리가 바꾸지 않으면, 대학은 점점 더 무의미한 존재가 될 것이다. 대학의 변화는 곧, 사회의 변화를 이끄는 시작점이다. 이제 우리 모두가 "왜 대학이 존재해야 하는가"라는 본질적인 질문 앞에 서야 할 때다.

제3장

대학은 근본적인 지식을 창출해야 한다

1. 대학의 본질, 지식 창출에 있다

대학의 사명은 단순한 지식 전달에 머무르지 않는다. 그것은 인간이 쌓아온 축적된 지식과 경험을 비판적으로 성찰하고, 새로운 시대의 문제를 해결할 수 있는 창의적인 지식을 새롭게 만들어내는 일, 바로 '지식의 창출'에 있다. 오늘날 우리는 정보의 홍수 속에 살고 있다. 검색하면 모든 것이 나오는 세상, AI가 논문까지 써주는 시대에 대학의 존재 이유는 무엇인가? 그 해답은 바로 "근본적인 질문을 던지고, 기존의 틀을 깨는 새로운 해답을 만들어가는 힘", 즉 탐구의 자유와 지식 창출의 용기에 있다.

2. '지식의 소비지'에서 '지식의 생산지'로

우리나라 대학은 오랫동안 외국의 학문과 지식을 '수입'하는 데에 머물러 왔다. 논문 인용지수나 국제 평가 지표에 매달리며, '지식의 소비지'로 전락한 대학의 모습은 국가 경쟁력의 근간을 흔들수 있다. 이제는 새로운 지식, 우리 사회에 맞는 지식, 미래를 여는 지식을 '만들어 내는' 대학이 되어야 한다. 기초과학, 인문학, 순수예술 등 단기적 성과와 연결되지 않는 분야라도 대학이 이를 꾸준히 지탱하지 않으면 지식 사회의 토대는 무너진다. 대학이야말로 장기적 시야에서 인간과 세계를 탐구하는 최후의 보루이며, 시장과 정치로부터 독립된 순수 지성의 공간이어야 한다

3. 지식 창출의 조건 : 자율성, 다양성, 실패의 허용

근본적인 지식 창출은 단지 교수의 연구력 향상이나 연구비 확대만으로는 이룰 수 없다. 지식은 다음 세 가지 조건이 충족될 때비로소 싹튼다.

▶ 학문적 자율성

지식은 명령과 통제에서 자라나지 않는다. 연구자가 자유롭게사유하고 실험할 수 있는 '지적 자유의 공간'이 보장되어야 한다. 대학은 그 자유의 상징이어야 한다.

‣ **다양성의 존중**

사회가 요구하는 실용학문만이 아닌, 다양한 분야에서의 문제의식과 탐색이 지식 창출의 바탕이다. 때론 엉뚱해 보이는 질문이 새로운 패러다임의 씨앗이 된다.

‣ **실패에 대한 관용**

연구와 지식 창출에는 실패가 따른다. 대학은 실패를 허용하고 성찰하는 구조를 만들어야 한다. 단기성과 중심의 평가방식은 오히려 지식의 깊이를 막는 장벽이다.

"지식의 가치는 얼마나 빠르게 쓸모 있는가가 아니라, 얼마나 오래도록 본질적인 질문을 던지는가에 달려 있다."

-리처드 파인만 (노벨 물리학상 수상자)

4. 융합과 창조, 지식의 확장을 위한 대학 혁신

오늘날 지식은 하나의 분야에 갇히지 않는다. 문과와 이과의 경계, 기술과 인문의 벽은 이미 허물어지고 있다. 예를 들어, 인공지능 기술이 인간 윤리와 충돌하는 문제는 단순한 기술 문제가 아니라 철학, 법, 사회학적 해석을 함께 요구한다. 이제 대학은 융합의 거점이 되어야 한다. 기술과 인문, 예술과 공학, 생명과 데이터가 만나 새로운 해답을 만들어내는 지식의 접점을 제공해야 한다. 대학은 다음과 같은 방식으로 혁신해야 한다.

- 학제 간 협업 연구 확대
- 융합 전공, 전공 간 이동성 강화
- 사회 현안 기반의 연구소 설립
- 산학연을 연계한 실천적 지식 연구 확대

5. 대학이 창출한 지식은 사회를 바꾼다

과학자들은 새로운 기술을 발명하지만, 그것을 통해 삶을 변화시키는 것은 대학의 지식이 사회와 만나는 접점에서 이루어진다. 사회적 불평등, 기후위기, 고령화, 디지털 전환, 윤리적 문제 등 복잡한 현실을 마주할 때 대학이 제시하는 근본적 해법이야말로 국가의 미래를 여는 열쇠다. 그 지식은 논문으로 끝나서는 안 되며, 현실과 연결되어야 한다. 학생들이 연구에 참여하고, 지역 사회와 연결되어 실질적 문제를 해결하는 대학, 그것이 바로 21세기형 대학의 모습이어야 한다.

6. 대학은 시대의 방향을 제시해야 한다

지금 우리 사회는 복잡하고 예측 불가능한 미래 앞에 서 있다. 이러한 시대에 가장 절실한 것은 깊이 있는 사고와 지혜, 즉 근본적 지식을 창출해내는 지성의 토양이다. 대학은 그 사회의 미래를 비추는 등불이다. 기존의 틀에 안주하지 않고, 새로운 질문을 던지고, 상상력을 기반으로 지식의 경계를 확장할 수 있는 공간이어야 한다. 대학이 창출한 지식은 교육을 넘어 사회의 문화를 바꾸고, 시민의 의식을 바꾸고, 새로운 질서를 창조한다. 대학은 더 이상 과거의 답을 가르치는 곳이 아니라, 미래의 질문을 만들어내는 곳이어야 한다.

"대학이 제 역할을 잃으면, 사회는 길잡이를 잃는다."

"대학은 시대를 읽고, 사회를 이끌며, 미래를 설계해야 한다."

Interlude 15.

AI로 인한 문명사적 전환기, 미래 지향적 융·복합교육 확대 해야한다.

1. 문명사적 전환점에 선 인류

오늘날 우리는 AI(인공지능)라는 새로운 동력에 의해 인류 문명이 재편되는 전환점에 서 있습니다. 이는 단순한 기술혁신을 넘어 지식의 생산 방식, 인간의 역할, 삶의 구조, 사회의 작동 원리까지 바꾸는 문명사적 전환기입니다.

인쇄술의 발명, 증기기관, 전기, 인터넷에 이어, AI는 정보혁명과 지능혁명을 동시에 이끄는 거대한 힘입니다.

이제 인간은 '생각하는 기계'와 함께 살아야 하며, '지식' 그 자체보다 '지식을 융합하고 활용하며 새로운 가치를 창조하는 능력'이 중요해졌습니다.

2. 기존 교육체제의 한계

이러한 변화 속에서도 우리의 교육은 여전히 산업화 시대의 사고방식에 머물러 있는 것이 현실입니다. 단편적인 지식 암기, 과목 간 단절, 수직적 교육 구조는 AI 시대의 복잡한 문제를 해결할 수 없습니다. 또한, 기존의 단일 전공 중심 교육은 현실 세계의 문제를 통합적으로 이해하고 해결하는 데 한계를 드러내고 있습니다. 이제 는 더 이상 '한 가지 정답'을 가르치는 교육이 아닌, 다양한 접근과 창의적 해석을 존중하는 교육으로의 전환이 절실합니다.

3. 융·복합 교육은 미래로 가는 길

융·복합 교육(Interdisciplinary & Transdisciplinary Education)은 단지 여러 학문을 나열하는 것이 아니라, 학문 간 경계를 넘어 지식의 융합과 통찰을 통해 새로운 문제 해결 능력을 기르는 교육입니다. AI 시대 의 현실 문제는 단일 학문으로 설명할 수 없습니다.

예를 들어, 기후위기는 과학기술의 문제인 동시에 윤리·정치·경 제·사회문화적 문제이며, AI 알고리즘은 기술적 산물이면서도 동 시에 인권, 철학, 법의 문제이기도 합니다.

따라서 기술과 인문, 예술과 과학, 이론과 실천을 넘나드는 통합 적 사고를 키우는 교육이 필요합니다. 이는 미래 사회가 요구하는 다음과 같은 핵심 역량을 기르는 데 매우 효과적입니다.

- 창의적 문제 해결 능력
- 비판적 사고와 윤리적 판단력
- 다양성 수용과 협업 능력
- 복잡한 세계에 대한 통찰력

4. AI 시대, 교육의 철학과 구조를 다시 설계해야

AI는 지식을 축적하고 분석하는 데 탁월하지만, 문제를 새롭게 정의하고 의미를 부여하는 일은 여전히 인간의 영역입니다. 따라서 미래 교육은 인간다움(Humanness)을 보존하면서도 기술을 도구로 활용할 수 있는 능력, 즉 디지털 리터러시와 인간 중심의 가치 교육을 균형 있게 다루는 방향으로 설계되어야 합니다.

또한 교육 과정 역시 과목 중심에서 주제 기반 학습(Project/Problem Based Learning)으로, 강의 중심에서 탐구와 협업 중심으로 재편되어야 하며, 학교의 울타리를 넘어 산업, 지역사회, 세계 시민사회와 연결된 열린 교육이 되어야 합니다.

5. 맺음말 : 'AI에 의해 변화된 세계'를 이끌 인재 양성을 위해

AI는 인간을 대체하는 존재가 아니라, 인간을 더욱 인간답게 만들어 줄 도구입니다. 중요한 것은 AI와 함께 살아갈 미래세대가 어떤 인간으로 성장할 것인가입니다. 따라서 대한민국 교육은 지금이야말로 AI 시대에 걸맞은 새로운 교육 철학과 실천적 모델을 구축해야 할 때입니다. 그 핵심이 바로 융·복합 교육이며, 이를 통해 우리는 기술과 사람, 과거와 미래, 이성과 감성을 통합적으로 조화시킬 수 있는 새로운 시민, 새로운 리더, 새로운 인간상을 키워나갈 수 있을 것입니다.

제4장

교육과정 교수법과 교수역량의 혁신

1. 낡은 교실을 넘어, 혁신하는 대학으로

오늘날 대학 교육은 그 자체로 큰 전환점에 서 있다. 지식 전달 중심의 수업, 일방적인 강의 방식, 평가를 위한 교육과정은 이제 시대에 뒤처진 방식이다.

학생들이 직접 탐색하고, 문제를 정의하고, 해결을 설계하는 역량이 요구되는 시대, 대학도 혁신하지 않으면 도태된다. AI 시대, 디지털 전환의 흐름 속에서 대학이 교육 본연의 가치를 회복하고 미래를 준비하는 가장 확실한 방법은 교육과정과 교수법, 교수 역량의 근본적 혁신이다.

2. 교육과정의 혁신 : 고정된 지식에서 유연한 역량으로

전통적인 교육과정은 명확한 정답과 틀을 기준으로 구성되어 왔다. 그러나 오늘날 문제들은 복잡하고 정답이 없다. 이제 "무엇을 배울 것인가"보다 "어떻게 배우고, 어떻게 생각할 것인가"가 더 중요해졌다.

1) 새로운 교육과정 설계 방향

- 역량 기반 교육과정 도입 : 단순 지식 습득이 아닌, 문제해결력·비판적 사고·창의성·디지털 문해력 등 핵심역량 중심 교육
- 융합과 통섭 중심 : 학문 간 경계를 허물고, 인문·사회·공학·자연·예술을 넘나드는 학제 간 교육과정
- 모듈형, 유연한 커리큘럼 : 빠르게 변화하는 산업과 직무에 유연하게 대응할 수 있는 소단위 모듈형 과목 개발
- 지역과 연계한 실천형 교육 : 지역문제 해결, 사회 참여형 수업으로 현장감과 실천력을 강화

"21세기 교육의 핵심은 정답을 가르치는 것이 아니라, 질문을 던질 수 있는 힘을 기르는 것이다."

3. 교수법의 혁신 : 강의에서 경험으로

지금까지의 대학 수업은 "교수-학생 간 지식의 일방적 전달"이

라는 구조에 머물러 있었다. 그러나 Z세대와 알파세대는 다르다. 그들은 참여하고, 체험하고, 연결되는 학습을 원한다. 따라서 교수법은 단순한 전달에서 벗어나야 하며, 학생 주도 학습과 상호작용 기반으로 전환되어야 한다.

1) 혁신 교수법의 사례

- 플립러닝(Flipped Learning) : 사전 온라인 학습 + 수업시간엔 토론·실습 중심의 수업
- 프로젝트 기반 학습(Project-Based Learning) : 실생활 문제 해결 중심 수업으로 비판적 사고와 협업력 향상
- 시나리오 학습 및 문제기반학습(PBL) : 실제 시나리오를 바탕으로 문제를 분석하고 해결책을 설계
- 디지털 플랫폼 활용 : AI 튜터, 온라인 협업 툴, 인터랙티브 콘텐츠 등으로 교수 – 학습의 질 향상

4. 교수역량의 혁신 : '강의자'에서 '교육 디자이너'로

대학에서 교수는 더 이상 '지식의 전달자'만이 아니다. 이제 교수는 학생의 학습을 설계하고 촉진하는 '교육 설계자(Education Designer)' 이자 '동기부여자'가 되어야 한다. 이를 위해 교수의 역할과 역량도 시대에 맞게 바뀌어야 한다.

1) 강화되어야 할 교수의 역량

- 디지털 활용 능력 : 온라인 학습 플랫폼과 콘텐츠 제작 능력, AI·데이터 기반 교수 설계 능력
- 교육 설계 및 평가 능력 : 학습자 중심 교육과정 구성 능력, 형성평가 및 루브릭 기반 평가 설계
- 상호작용 및 코칭 역량 : 학생과 소통하며 동기를 북돋우는 정서적 지지 역량
- 지속적 교수학습개발 참여 : 교수학습센터(CTL) 등을 통한 주기적 재교육과 전문성 개발

"교육은 가르치는 것이 아니라, 배우게 하는 것이다." -칼 로저스

5. 대학 전체의 혁신 생태계 구축이 필요하다

교수 한 사람, 수업 하나의 변화로는 근본적 혁신이 어렵다. 대학 전체가 교육 혁신을 위한 시스템과 문화를 갖추어야 한다.

1) 대학 차원의 혁신 생태계 방안

- 교육혁신센터 확대 : 교수법 개발, 교수 피드백, 교육데이터 분석 등 전문 지원 체계
- 성과보다 성장 중심 평가체계 : 강의평가보다 교육 개선 노력

과 학생 피드백 반영 시스템 구축
- 학생 참여형 교육 설계 : 교육과정 및 수업설계에 학생의 참여를 제도화
- AI 기반 학사관리 시스템 도입 : 개인 맞춤형 학습 로드맵 제공 및 학업 상담 자동화

6. 대학의 교육은 '가르치는 방식'을 먼저 바꿔야 한다

교육의 미래는 교육과정의 혁신에서 시작되고, 교수법의 혁신에서 구체화되며, 교수역량의 혁신으로 완성된다. 그 변화의 중심에는 '학생'이 있어야 하며, '배우는 사람'의 입장에서 설계되고 실행되어야 한다. 지금의 대학은 다시 질문해야 한다. 과연 우리는 학생들을 배움의 즐거움으로 안내하고 있는가?.

우리는 교수자가 아니라, 미래를 여는 교육자로 변화하고 있는가? 대학이 진정으로 변화하려면 먼저 수업의 본질부터 바뀌어야 한다. 그것이 바로 미래를 위한 진정한 교육혁신의 시작이다.

결론적으로, 교육과정과 교수법, 교수자의 역량은 대학 교육 혁신의 삼각축이다. 이 세 가지 요소가 유기적으로 작동할 때, 대학은 단순한 지식 전달을 넘어 학습자 중심의 창의적이고 실천적인 교육을 실현할 수 있으며, 미래 사회를 이끌 인재를 길러낼 수 있다.

제5장

AI 시대, 대학교육 어떻게 변화해야 할까?

1. 교육 패러다임의 전환점에 선 대학

4차 산업혁명과 AI의 급속한 발전은 단순한 기술의 진보를 넘어, 인간의 삶의 방식과 사회 구조 전체를 바꾸고 있다. 특히 고등교육의 영역은 그 변화의 최전선에 있다. 더 이상 '정보를 가르치는 공간'으로서의 대학은 존속할 수 없다.

정보는 AI가 더 빠르게, 더 정확하게 제공할 수 있기 때문이다. 이제 대학은 "어떻게 생각할 것인가", "어떻게 문제를 해결할 것인가"를 가르치는 곳이 되어야 한다.

"AI가 할 수 없는 것은 인간다움이다. 대학은 바로 그 인간다움을 가르쳐야 한다."

-2023 UNESCO Higher Education Futures Report

2. AI가 대학에 던지는 질문 : 무엇을, 어떻게 가르칠 것인가?

AI 기술은 전통적인 지식의 수명을 짧게 만들었다. 수십 년간 유효하던 학문 이론과 방법들이 이제 몇 년 만에 무너진다.

따라서 대학은 다음과 같은 근본적인 질문을 던져야 한다.

- 지금 우리가 가르치고 있는 내용은 10년 뒤에도 유효할 것인가?
- 졸업생들은 AI와 함께 일할 수 있는 준비가 되어 있는가?
- 대학의 수업은 단순 암기식인가, 생각하고 창조하는 방식인가?

이러한 질문은 단순한 교육과정 개선을 넘어, 대학 교육의 철학과 정체성을 재구성해야 한다는 뜻이다.

3. 'AI 활용 능력'은 이제 대학의 기본 소양

AI 시대의 핵심 역량은 단순한 컴퓨터 활용 능력을 넘어서, AI를 이해하고, 활용하고, 비판적으로 다룰 수 있는 능력이다. 모든 학문 분야에서 데이터와 알고리즘이 새로운 도구로 자리 잡고 있으며, 학생들은 이를 자유자재로 다룰 수 있어야 한다.

대학 교육에서 포함되어야 할 AI 관련 역량은 다음과 같다.

- 데이터 리터러시와 AI 기초 이해
- 생성형 AI 활용 능력
- AI 윤리와 기술의 사회적 영향에 대한 비판적 사고

• AI와 협업하는 인간 중심 문제 해결 능력

4. 교수자의 역할 변화 : 전달자에서 촉진자, 설계자로

AI는 지식을 전달하는 데 있어 교수보다 더 뛰어나다. 하지만 학생들의 가능성을 이끌어내고, 학습을 설계하며, 성찰의 기회를 제공하는 일은 여전히 인간 교수자의 몫이다.

1) 교수자의 새로운 역할
• 러닝 디자이너 : 학습 경험을 설계하는 기획자
• 멘토·코치 : 정서적 지지와 자기주도 학습을 유도하는 지원자
• 실천 공동체 조성자 : 학습자 간 상호작용을 촉신하는 연결사
이러한 변화에 적응하려면 교수자들 역시 AI 리터러시와 교육공학 역량을 갖춰야 한다. 대학은 교수 역량 개발을 위한 체계적 지원을 강화해야 한다.

5. 교육 방법의 혁신 : 온라인, 혼합형, 맞춤형

AI는 교육의 공간적·시간적 한계를 없애고 있다. 이제 대학 교육은 물리적 강의실을 넘어, 하이브리드와 온디맨드 방식으로 진화해야 한다.

1) AI 시대의 새로운 수업 형태

- 혼합형 수업(Blended Learning) : 온라인과 오프라인을 융합한 유연한 수업
- 개인화된 학습 경로 : 학습자의 수준, 속도, 관심에 따라 맞춤 콘텐츠 제공
- AI 튜터와 챗봇 활용 : 24시간 피드백과 과외 지원 가능
- 데이터 기반 피드백 : 학습자의 성취와 행동을 실시간 분석하여 학습설계

"AI와 교육이 만날 때, 학습은 더 이상 '시간표'가 아닌 '가능성'이 된다."

6. 대학의 생존 전략 : 혁신과 신뢰 회복

대학은 더 이상 '단지 졸업장을 주는 기관'이 아니다. 학생과 사회에 신뢰를 주는 교육기관으로 재탄생해야 한다. 그 핵심은 '혁신'이다. 교육 내용의 혁신, 교수법의 혁신, 제도와 문화의 혁신이 총체적으로 추진되어야 한다.

1) 신뢰받는 대학이 되기 위한 방향

- 사회와 산업의 수요 반영한 교육과정 개편
- 졸업생의 미래 역량 강화에 집중

- AI를 포함한 디지털 전환 역량을 필수화
- 학생의 자율성과 주체성을 존중하는 교육 철학 구현

7. 대학은 미래를 여는 '배움의 실험실'이 되어야 한다

AI가 가져온 변화는 두려움의 대상이 아니다. 오히려 대학이 본래의 사명을 회복할 수 있는 기회다. 대학은 그 어느 때보다 창의와 비판, 실천과 공존을 이끄는 인재를 키워야 한다. AI는 미래를 만드는 도구이자 파트너다. 대학은 그 도구를 활용할 수 있는 인간 중심의 교육을 제공해야 한다.

결론적으로, AI 시대의 대학교육은 기존의 교육 패러다임을 넘어서는 혁신을 필요로 한다. 이는 단순한 기술 도입을 넘어 교육 철학의 전환을 의미한다. 인간 고유의 사고력과 AI 기술의 결합을 통해, 대학은 미래를 이끌 인재를 육성하는 핵심 공간으로 다시 태어나야 한다.

이제 우리의 질문은 분명하다.

"대학은 AI 시대의 내비게이션이 될 것인가, 아니면 낡은 지도를 들고 헤맬 것인가?"

제4부

AI 시대, 고령화에 대응하는 평생학습

제1장

지금은 평생학습시대다

1. 변화의 소용돌이, 왜 우리는 평생학습이 필요한가?

"한 번 배운 지식으로 평생 살아가던 시대는 끝났다. 이제는 평생 배워야 살아남을 수 있는 시대다."

급속한 기술 발전과 인구 고령화, 그리고 인공지능(AI)의 일상화는 한 세대가 경험할 변화의 속도와 깊이를 완전히 바꾸어 놓았다. 지금은 단지 지식을 획득하는 것을 넘어서, 그 지식을 지속적으로 갱신하고 재구성하는 능력이 요구되는 시대다. 바로 '평생학습'이 개인과 사회 모두에게 필수가 된 이유다.

2. 인구구조 변화와 고령사회, 배움은 선택이 아닌 생존의 조건이다

대한민국은 세계에서 가장 빠르게 고령사회에 진입한 국가다. 기대수명은 길어졌지만, 일과 배움의 연계는 여전히 끊긴 상태다.

65세 이상의 인구가 전체의 20%를 넘어서는 초고령 사회에서, 노년층의 삶의 질 향상과 사회참여는 평생학습을 통해 가능해진다.

특히 은퇴 이후의 세대에게는 배움이 곧 삶의 목적이자 사회적 관계를 이어가는 중요한 매개다. 새로운 기술을 익히고, 사회적 역할을 확장하며, 주체적인 삶을 살아가기 위한 도구가 되는 것이다.

"나이 듦은 배움이 멈춘 순간부터 시작된다."

-에릭 에릭슨

3. 기술이 만드는 격차, 평생학습으로 다리를 놓다

AI, 데이터, 디지털 전환 등 새로운 기술이 삶의 전 영역을 변화시키는 지금, 디지털 문해력의 격차는 곧 삶의 질 격차로 이어지고 있다. 고령층은 물론, 중장년층과 저소득층 역시 새로운 기술 환경에 적응하지 못하면 사회적 소외를 겪게 된다. 따라서 평생학습은 단순한 지식 전달이 아니라, 사회 통합과 포용, 공정성을 회복하는 핵심 정책 도구가 되어야 한다.

4. 국가적·지자체적 대응 : 시스템이 필요하다

대한민국은 평생교육진흥법(2007년 제정)을 통해 제도적 틀을 마련했지만, 아직까지 평생학습 체계는 분절적이고 단기적 사업 중심으로 운영되고 있다.

이제는 다음과 같은 방향으로 전환이 필요하다.

- 개인별 맞춤형 평생학습 경로 구축(예 : 경력전환, 재취업, 창업 교육 등)
- 지자체 중심의 학습 생태계 조성(예 : 서울형 평생교육플랫폼)
- 디지털 전환에 맞춘 평생교육 콘텐츠 개발과 보급
- 노년층과 비정규직, 이주민 등 소외 계층에 대한 평생학습 지원 확대

5. 평생학습은 사회적 투자다

평생학습은 비용이 아니라 미래를 위한 투자다. 개인의 자존감을 높이고, 지역사회를 활성화하며, 국가의 생산성을 유지하는 지속가능한 성장의 토대다.

특히 AI 시대의 일자리 변화 속에서, 단절된 커리어를 이어가는 유일한 수단이기도 하다.

"학습하는 사회는 늙지 않는다. 학습하는 개인은 낙오하지 않는다."

6. 지금이 바로 평생학습 대전환의 시기다

이제 평생학습은 일부의 특권이 아니라 모두의 권리이며, 그에 대한 국가적 책무가 더욱 커지고 있다.

국가와 지방정부는 평생학습을 단기 사업이나 시혜적 정책이 아닌 국가 발전의 핵심 전략으로 인식하고 과감한 제도 설계와 투자가 필요하다. 지금은 평생학습의 시대다.

배움은 늦은 것이 아니라, 시작하지 않는 것이 문제다.

모든 국민이 평생학습의 기회를 갖고, 자기 삶의 가능성을 확장할 수 있어야 한다. 대한민국 교육의 미래는 '지속적으로 배우는 국민'이 결정짓는다.

지금은 '학교 밖의 교육'이 더 이상 보조적인 수단이 아닌 수류 교육체계의 중요한 축이 되어야 할 시점이다. 평생학습은 국민의 삶을 변화시키고, 국가의 지속 가능한 성장과도 직결되는 핵심 전략이다. 누구나, 언제나, 어디서나 학습할 수 있는 사회를 구현하기 위해 보다 체계적이고 실질적인 평생학습 정책이 요구된다.

평생 학습은 선택이 아닌 생존 전략이 된 시대다

1. 배움은 더 이상 특정 시기의 특권이 아니다

우리는 오랫동안 "공부는 학교에서 끝난다"는 전제 아래 살아왔습니다. 그러나 오늘날의 사회는 더 이상 한 번 배운 지식으로 평생을 살아갈 수 없는 시대입니다. 기술은 몇 년 단위로 급변하고, 직업은 탄생과 소멸을 반복하며, 개인의 삶도 예측 불가능한 방향으로 흘러갑니다. 이제 학습은 선택의 문제가 아니라, 생존의 문제입니다. 다시 말해, 배우는 사람만이 살아남는 시대, 바로 평생학습의 시대에 우리는 살고 있습니다.

2. 급변하는 시대, 평생학습은 왜 생존 전략이 되었는가?

1) 디지털 전환과 일자리의 변화

AI, 로봇, 자동화 기술의 발전은 수많은 전통 직업을 위협하고 있습니다.

기계로 대체되지 않기 위해서는 새로운 기술을 익히고, 새로운 분야로 전환할 수 있는 능력이 필요합니다. 중·장년층조차도 재교육과 재훈련 없이는 일자리 시장에서 밀려날 수밖에 없습니다.

2) 평균 수명 100세 시대

100세 시대는 '제2의 인생'이 아니라, '제3의 인생'을 요구합니다. 퇴직 이후 30~40년을 더 살아가야 하는 현실 속에서, 삶의 질을 유지하고 사회와 연결되기 위한 가장 확실한 방법이 바로 학습입니다. 평생학습은 노년의 고립을 막고, 건강한 정신과 공동체적 삶을 가능하게 합니다.

3) 정답이 없는 사회, 복합문제의 시대

이제 사회는 단순한 지식이 아닌 복잡한 문제를 함께 해결할 수 있는 능력을 요구합니다. 평생학습은 지식의 축적만이 아니라, 공감, 협업, 문제해결력, 시민의식 등 사람이 살아가는 데 필요한 삶의 역량을 길러주는 과정입니다.

3. 평생학습은 누구에게나 열려 있어야 한다

이제 평생학습은 소수의 의지 있는 개인만의 전유물이 되어서는 안 됩니다. 사회 전반의 시스템이 누구나, 언제나, 어디서나 배울 수 있도록 설계되어야 합니다. 노동자에게는 재교육의 기회를, 고령자에게는 삶의 활력과 연결의 공간을, 주부와 경력 단절자에게는 재도약의 발판을, 청년에게는 진로 탐색의 다양성과 자기계발의 기회를, 농촌, 도서, 산간, 지역의 주민에게는 정보 접근의 평등을, 지금이야말로 국가가 평생학습을 '복지'나 '여가'가 아닌, 생존을 위한 '기본권'으로 접근해야 할 시점입니다.

4. 미래 대한민국, 전 국민 평생학습사회로 가야 한다

진정한 선진국은 국민 모두가 배움을 통해 삶의 의미를 찾고, 기술 변화에도 흔들리지 않으며, 자신의 삶을 능동적으로 설계할 수 있는 역량을 가진 나라입니다. 이를 위해 우리는 다음을 실현해야 합니다.

- 동네마다 평생학습센터가 있는 사회
- 디지털 격차 없는 온라인 학습 인프라 구축
- 학습 기록이 인정되고 전환되는 교육 - 고용 연계 시스템
- 기업, 대학, 지자체, 마을이 함께 만드는 생태계적 학습 공동체

5. 결론 : 더 늦기 전에, 모두를 위한 배움의 문을 열어야 한다

"늦었다고 생각할 때가 가장 빠른 때다"라는 말처럼, 지금 이 순간도 수 많은 사람들이 배우기 위해 문을 두드리고 있습니다. 그 문이 닫혀 있지 않도록, 누구에게나 열려 있도록 정책과 제도, 사회의 인식이 바뀌어야 합니다.

평생학습은 더 이상 선택이 아닙니다. 평생학습은 곧, 미래를 향한 생존 전략입니다.

제2장

디지털 정보 격차의 확대와 평생교육의 필요성

1. 디지털 시대, 또 하나의 불평등 : 정보격차

21세기, 정보는 새로운 권력이며 자원이다. 정보에 접근하고 활용할 수 있는 능력은 곧 생존과 직결되는 역량이 되었다. 그러나 디지털 기술이 빠르게 확산되는 만큼, 그것에 접근하지 못하거나 적응하지 못하는 사람들도 늘어나고 있다. 바로 '디지털 정보 격차 (Digital Divide)'의 문제다. 정보격차는 단순히 기기의 소유 여부가 아니라 디지털 활용 역량, 정보 해석 능력, 그리고 온라인 서비스 접근성에서 비롯된다. 이는 교육 수준, 소득 수준, 지역, 나이 등에 따라 더 깊게 구조화되고 있다.

"디지털 세계는 모두에게 열려 있지만, 모두가 그 문을 통과할 수 있는 것은 아니다."

2. 고령층과 저소득층, 디지털 소외의 사각지대에 있다

고령층은 디지털 기기 사용과 온라인 정보 활용에 있어 큰 제약을 받고 있다.

2024년 과학기술정보통신부의 조사에 따르면, 65세 이상 노인의 40% 이상이 스마트폰을 자유롭게 활용하지 못한다고 응답했다. 또한, 농촌 지역이나 도서 산간 지역, 혹은 저소득층은 인터넷 기반 서비스나 정부 정책에서 정보의 접근 자체가 어려운 '디지털 소외' 현상을 경험하고 있다.

3. 기술 발전은 중단 없이 진행된다. 문제는 적응이다

AI, IoT, 메타버스, 블록체인 등 기술은 멈추지 않고 발전한다.

문제는 기술 그 자체가 아니라 그 기술에 사회 전체가 얼마나 '균형 있게' 적응하느냐이다. 한쪽에서는 초등학생들이 코딩과 챗GPT를 배우고 있지만, 다른 한편에서는 기본적인 온라인 민원 신청조차 못 하는 세대가 존재한다. 이러한 격차는 단순한 불편의 문제가 아니라 교육·고용·복지·참여 모든 영역에서 불평등을 증폭시킨다.

4. 평생교육은 디지털 공정성의 열쇠다

평생교육은 디지털 격차를 해소하는 가장 현실적이고 지속가능한 해법이다.

단기 기술교육에 그치지 않고, 디지털 사회에 필요한 문제해결력, 협업능력, 윤리적 감수성까지 포괄하는 전인적 학습으로 접근해야 한다.

▸ **평생교육을 통한 디지털 격차 해소 방안**

- 기초 디지털 문해력 교육 확대
- 스마트폰 활용, 온라인 민원, 영상회의 등 일상 속 활용 능력 중심 교육
- 공공시설 기반의 디지털 학습 환경 조성
- 도서관, 평생학습관, 주민센터를 디지털 학습 플랫폼으로 활용
- 지역 단위 디지털 서포터즈 운영
- 청년과 디지털 강사들이 고령층과 정보 취약 계층을 지원하는 시스템 구축
- 맞춤형 콘텐츠 개발 및 보급
- 세대별, 지역별, 목적별로 적합한 온라인 콘텐츠 및 영상자료 확대

5. 서울시 평생교육에서의 디지털 포용과제

서울시는 디지털 전환의 중심에 서 있는 도시인 만큼, 디지털 포용이 곧 사회적 지속 가능성을 결정한다. 서울형 평생학습체계에 다음의 노력이 필요하다.

- 디지털 시민학교 설립 및 운영 강화
- 동 단위 디지털 학습지원 거점 확대
- 서울디지털평생학습 플랫폼 구축 : 스마트폰 기반 누구나 접근 가능한 모바일 학습 시스템
- AI 튜터 기반 학습 도우미 시스템 개발 : 개인별 학습진단 및 추천을 통한 맞춤 학습 제공

6. 평생교육은 단순한 교육이 아니라 디지털 민주주의의 기반

디지털 시대의 정보격차는 단지 기술 문제가 아니라 인간 존엄과 연결된 문제다. 배우지 못한 사람은 소외되고, 소외된 사람은 권리를 행사하지 못한다.

디지털 민주주의는 평생학습이라는 다리를 놓을 때 완성된다.

"교육은 단지 개인을 위한 것이 아니라, 공동체 전체의 품격을 높이는 길이다."

따라서 지금은 모든 세대, 모든 계층, 모든 지역이 평생학습을 통

해 디지털 문해력을 확보하는 '지식 복지국가'로 나아가야 할 시점이다.

이것이야말로 지속 가능한 교육복지이며, 고령화·AI사회 대응을 위한 핵심 전략이다. 디지털 정보 격차 해소는 단순한 기술 접근의 문제가 아니라 삶의 기회를 보장하고 사회 통합을 실현하기 위한 핵심과제다. 평생학습은 이러한 격차를 메우는 가장 유력한 수단이며, 디지털 시대의 학습권은 보편적 권리로 인식되어야 한다. 누구도 디지털 시대에서 뒤처지지 않도록, 정부와 사회는 보다 포용적인 디지털 평생 교육 체계를 구축해야 한다.

"디지털 시대에 배움이 단절되면, 민주주의도 멈추게 된다."

"민주주의는 배우는 시민 위에서만 굳건히 설 수 있다."

"배움의 권리를 보장하는것이 곧 디지틸 민주주의를 지켜내는 일이다."

제3장

전 국민 평생 학습체계 구축

1. 왜 지금 "전 국민 평생학습"인가?

"인간은 평생 배우는 존재다."

우리는 태어나는 순간부터 끊임없이 배우며 성장한다. 과거에는 학교 교육이 교육의 전부처럼 여겨졌지만, 지금은 다르다. 학교를 졸업한 이후에도 계속해서 새로운 지식과 기술을 익혀야 하는 시대에 우리는 살고 있다. 변화의 속도는 점점 더 빨라지고 있고, 산업 구조와 직업의 형태, 요구되는 역량은 예측 불가능할 만큼 빠르게 달라지고 있다. 이런 시대적 흐름에서 전국민이 평생학습의 주체가 되어야 한다는 명제는 더 이상 선택이 아닌 필수가 되었다.

1) 기술혁명과 인공지능 시대의 도래

4차 산업혁명과 인공지능(AI)의 발전은 노동의 본질을 바꾸고 있다. 단순 반복 업무는 기계가 대체하며, 인간에게는 창의성과 융합적 사고, 비판적 성찰 능력이 요구되고 있다. 이 변화는 단순히 일부 산업군에만 해당하는 것이 아니라, 사회 전반의 직업 구조와 시민의 삶에 깊은 영향을 미친다.

이러한 변화 속에서 한 번 배운 지식과 기술로 평생을 살아가는 것은 더 이상 불가능하다. 시대에 뒤처지지 않기 위해, 지속적인 학습은 선택이 아닌 생존의 조건이 되었다.

2) 고령사회로의 진입과 삶의 주기 변화

또 하나의 중요한 이유는 급속한 고령화다. 대한민국은 이미 고령사회로 접어들었고, 머지않아 초고령사회에 진입하게 된다. 평균수명이 85세를 넘어서며, 정년 이후에도 20년 가까운 시간이 남는다. 단지 여가를 보내는 것이 아니라, 제2의 인생, 제3의 직업을 준비하고 도전해야 하는 시대가 도래한 것이다.

이제 평생학습은 은퇴 후의 소일거리가 아니라, 새로운 삶의 기회를 열어주는 생애 재설계의 핵심 도구가 되어야 한다.

3) 교육의 사회적 책임과 공동체의 지속 가능성

전국민 평생학습은 개인을 위한 것이면서도 공동체 전체의 지속가능성과 직결된다. 기술이 발전할수록 정보격차는 심화되고, 불평등 구조는 고착화될 위험이 있다. 이러한 격차를 줄이기 위한 사회적 통합의 열쇠가 바로 평생교육이다. 모두가 평등하게 배움의 기회를 보장받고, 학습을 통해 자존감을 회복하고 사회적 역할을 지속할 수 있도록 하는 것이야말로 진정한 복지이며, 공동체의 건강성을 지키는 길이다.

2. 평생학습의 실태 : 의지는 있으나 체계가 없다

"하고는 싶은데, 어디서 어떻게 시작해야 할지 모르겠다."

많은 국민이 평생학습에 대한 필요성은 인식하고 있지만, 실제 참여로 이어지는 경우는 드물다. 통계청과 국가평생교육진흥원 자료에 따르면 평생교육 참여율은 점진적으로 상승하고는 있지만, OECD 주요국에 비하면 여전히 낮은 수준이다. 그리고 그 참여조차 특정 연령대, 특정 지역, 특정 계층에 집중되어 있다. 의지는 있지만, 제대로 된 구조와 지원체계가 없기 때문이다.

1) 교육 기회의 불균형

가장 큰 문제는 교육 기회의 지역 격차와 계층 격차다. 서울과 수도권, 대도시는 상대적으로 다양한 평생교육 기관과 프로그램이 마련되어 있지만, 농촌, 산간지역, 지방 소도시의 경우 교육 인프라 자체가 부족하다. 정보 접근조차 어려운 경우가 많으며, 특히 고령층, 저학력층, 저소득층은 시스템을 몰라 참여조차 못하는 경우가 허다하다.

2) 체계 없는 공급, 중복되는 사업

현재의 평생교육 체계는 정부 부처별, 지자체별, 공공기관별로 파편화되어 있다. 중앙정부는 교육부, 고용노동부, 보건복지부 등 부처마다 각기 다른 평생학습 사업을 추진하고 있고, 지방자치단체 역시 자체 사업을 운영하고 있다. 그러나 운영 주체 간 협업이 부족하고 통합된 데이터나 정보망이 없다 보니, 유사한 프로그램이 중복되거나, 반대로 꼭 필요한 교육은 소외되는 현상이 나타난다. 학습자의 수요는 고려되지 않은 공급자 중심 행정의 전형이다.

3) 지속 가능한 학습 설계의 부재

또 하나의 큰 문제는 연계 없는 일회성 학습이다. 대부분의 평생교육 프로그램은 짧은 단기 과정 중심이고, 개인의 삶과 경력 전환에 실질적으로 도움이 되도록 연계 설계되어 있지 않다. 자격이나 학위로 이어지는 제도적 장치도 미흡하며, 이로 인해 배운 뒤의 삶의 변화로 연결되지 않는 무용성이 지적된다.

4) 디지털 전환에 대한 준비 부족

AI와 디지털 전환은 교육의 형식을 바꾸고 있으나, 평생교육 현장은 이에 대한 대응이 미흡하다. 온라인 강의 플랫폼은 수도권이나 젊은 층을 중심으로 활용되지만, 고령층이나 정보 소외계층은 접근 자체가 어렵다. 또한, 디지털 학습 자료 개발이나 콘텐츠 품질도 여전히 개선이 필요하며, 교육자들의 디지털 교육 역량 강화 역시 절실한 과제다.

"배움은 평생의 권리다. 그러나 그 권리를 실현하기 위한 체계와 장치는 아직도 갈 길이 멀다."

이제 우리에게 필요한 것은 형식적 구호가 아닌, 학습자 중심의 실질적 시스템 구축이다.

3. 전 국민 평생학습체계, 이렇게 설계하자

"모든 국민이 언제 어디서나 배우고 성장할 수 있어야 한다."

성숙한 평생학습사회로 가기 위한 구조적 대개편이 필요하다.

대한민국의 교육은 '정규 교육과정'이라는 좁은 틀에 갇혀 있었다. 그러나 100세 시대, AI 전환 사회, 고령화 시대에 진입한 지금, 우리는 배움의 개념을 바꾸어야 한다. '학교 교육' 중심에서 벗어나, 생애 전 주기를 아우르는 전 국민 평생학습체계로의 전환이 시급하다.

1) 생애 주기별 평생학습 체계 정립

영·유아기부터 노년기까지 각 생애 단계에 맞춘 평생학습 체계를 마련해야 한다.

- 청년기 : 대학 외 비형식 교육, 진로탐색 및 디지털 기초 역량 강화
- 중·장년기 : 경력 전환, 직무 재교육, 리스킬링(reskilling) 중심
- 노년기 : 삶의 질 향상, 사회참여, 건강·문화 교육 중심

이러한 생애 단계 맞춤형 학습체계는 교육과 노동, 복지와의 연계를 통해 실질적 삶의 변화로 이어져야 한다.

2) 국가 책임형 평생학습 기반 구축

기초지자체 단위에 평생학습센터(또는 평생학습지원 플랫폼)를 의무화하여 모든 국민이 거주지 인근에서 무료 또는 저렴한 비용으로 학습 기회를 누릴 수 있게 해야 한다. 이때, 학습자 수요에 따라 지역 대학, 시민사회, 공공기관, 민간 전문가와 연계한 거버넌스 체계를 구축할 필요가 있다. 또한, 중앙정부 차원에서는 범부처 조정을 위한 국가 평생학습위원회 신설을 검토할 수 있으며, 관련 법·제도를 통합 정비해야 한다.

3) 국가 평생학습 이력관리 시스템 도입

개인의 학습 경험을 종합적으로 기록하고 인증할 수 있는 국가 평생학습 이력제(learning passport) 도입이 필요하다.

- 정규·비정규·비형식 교육 모두를 포함

- 디지털 기반으로 누구나 언제든 이력을 확인하고 경력으로 연계 가능
- 취업, 창업, 이직, 자격 연계 등 다양한 활용도 확보

이는 개인의 학습동기를 고취하고, 사회적 인정을 확산시키는 데 중요한 장치가 된다.

4) AI 기반 맞춤형 학습 플랫폼 구축

AI 기술을 활용해 개인의 관심사, 수준, 진로에 맞는 맞춤형 평생학습 경로 추천 시스템을 개발해야 한다.

- 빅데이터 분석을 통해 콘텐츠를 추천
- 자율성과 지속 가능성을 보장하는 맞춤 학습 설계
- 디지털 격차 해소를 위한 고령층 대상 사용자 중심 UX 설계도 병행

이와 함께, 한국방송통신대학교 유노캠퍼스나 한국형 MOOC(K-MOOC) 등 기존 플랫폼을 고도화하여 온·오프라인 혼합형 학습 생태계로 확장해야 한다.

5) 학습과 경제·복지의 연결 구조 마련

평생학습이 단순한 여가나 자기계발 수준에 머무르지 않기 위해서는 학습과 고용, 복지, 건강을 연결하는 정책 설계가 중요하다.

- 학습을 통해 자격을 취득하고 일자리로 연결

- 중장년 실직자 재교육 → 노동시장 복귀
- 노년기 치매예방 교육 → 건강복지 비용 절감

학습이 생애 전환의 사다리가 될 수 있도록, 학습 - 성과 - 복지의 선순환 체계를 만들어야 한다.

4. 서울시가 평생학습을 위해 나아가야 할 길 : 학습하는 시민 서울

"평생학습도시 수도 서울이 선도해야 한다." –서울형 평생학습 모델의 정립과 전국 확산

서울은 대한민국의 수도이자 인적·물적 자원이 가장 집중된 교육 중심시나. 그렇기에 전 국민 평생학습체제 전환에 있어 서울시가 해야 할 역할과 책임은 남다르다. 서울형 평생학습 모델은 전국적 정책 실험장이자 방향타가 되어야 한다.

1) 서울시민 누구나 누리는 '동 단위 평생학습권'

서울은 이미 교육 인프라가 풍부하지만, 활용률과 접근성 면에서는 여전히 불균형이 존재한다. 따라서 '한 동(洞), 하나의 평생학습센터'라는 목표를 설정하고 모든 서울시민이 거주지 반경 10분 이내에서 학습을 받을 수 있도록 해야 한다. 이를 위해서는 자치구 평생학습센터의 기능 강화와 더불어 주민센터, 도서관, 복지관, 학교

등을 복합 학습공간으로 전환하는 '학습 친화 도시계획'이 병행되어야 한다.

2) 서울형 디지털 평생학습 플랫폼의 구축

서울은 디지털 격차 해소와 맞춤형 학습 기회를 동시에 잡기 위해, 서울형 AI 기반 평생학습 플랫폼을 구축해야 한다.

- 서울시민 누구나 로그인으로 개인 학습이력·추천·진로까지 연결
- 방송대 유노캠퍼스, 서울디지털대, 평생학습관 등 기존 자원 통합
- 고령층, 취약계층 맞춤형 콘텐츠 우선 개발
- 일·학습 병행이 가능한 '모듈형 직업교육 콘텐츠' 확대

서울은 이를 통해 '학습 도시 서울'에서 '학습하는 시민 서울'로의 전환을 이끌어야 한다.

3) 자치구·학교·대학·기업의 평생학습 네트워크화

서울시 차원에서 자치구, 대학, 고등학교, 직업훈련기관, 기업체 등과 연계한 서울형 지역 평생학습 거버넌스를 구축해야 한다.

- 서울대, 방송통신대, 전문대, 민간기관 등을 거점으로 지정
- 평생교육사, 경력 전환 컨설턴트, 상담사 등 인력풀 확보
- 학교와 기업이 함께 참여하는 '시민 배움 프로젝트' 운영

이를 통해 학습과 일자리, 복지를 연계한 서울형 미래 일·학습

생태계를 조성할 수 있다.

4) 서울시민 학습기본권 보장을 위한 조례와 재정 기반 확대

서울시는 평생학습을 복지 개념이 아닌 권리 개념으로 전환해야 한다.

이를 위해 다음과 같은 제도 기반을 마련할 수 있다.

- 「서울시민 학습기본권 보장 조례」 제정
- '1인당 연간 학습 바우처 지급제' 시범 실시
- 시립기관·공공시설을 활용한 무료 강좌 확대
- '서울형 학습시간 인증제'를 통해 이력제도 연계

이러한 구조는 서울시민에게 학습의 기회뿐 아니라, 삶의 존엄과 성장의 권리를 제공하는 제도적 틀이 될 수 있다.

"서울이 바뀌면 대한민국이 바뀐다. 서울의 평생학습은 단순한 교육정책이 아니라, 시민 모두를 위한 새로운 삶의 문화다."

5. 전 국민 학습사회로의 전환이 곧 미래다

"교육은 어린 시절에만 이루어지는 것이 아니라, 평생 이어지는 삶의 과정이다." 배움이 일상이 되는 사회, 그것이 진정한 미래국가다.

대한민국은 지금 거대한 전환의 시대를 맞이하고 있다. 인구 감소, 고령화, 기술혁명, 노동시장 재편, 가치관의 다변화 등 그 어떤 세대보다도 급격한 변화를 마주하고 있다. 이 변화의 중심에는 '학습'이 있다. 생애 전주기, 모두를 위한 학습사회, 과거의 교육은 유년기와 청소년기의 전유물처럼 여겨졌다. 그러나 이제는 영·유아부터 고령자까지, 모든 국민이 생애 각 시점에서 필요한 학습을 지속해야만 사회적 생존이 가능한 시대다. 아이들에게는 창의와 놀이 중심의 유보통합 교육, 청소년에게는 진로와 적성에 맞는 유연한 선택 교육, 청년에게는 대학과 직업교육의 융합, 장년에게는 재취업과 경력 전환을 위한 재교육, 고령자에게는 사회적 소외를 막는 사회참여 학습, 학습이 단절되는 순간, 기회는 줄어들고 불평등은 심화된다.

따라서 국가가 국민 모두의 학습을 책임지는 사회적 시스템을 갖추는 것이 곧 미래 경쟁력의 핵심이다. 평생학습은 복지이자 경쟁력이다. OECD는 '평생학습은 공공의무이며, 지속 가능한 복지의 출발점'이라 명시하고 있다. 독일, 핀란드, 덴마크 등 선진국은 '학습 복지국가'를 지향하며, 국민 누구나 삶의 어느 시점에서든 교육을 받을 수 있도록 법과 제도를 갖추고 있다. 대한민국 역시 학습을 복지의 시선에서 바라보는 것을 넘어 국가 전략의 핵심축으로 삼아야 한다.

- 국가 평생학습 기본법 제정
- 중앙-지자체-대학-민간 연계 거버넌스 체계 확립
- 디지털 소외계층을 위한 AI 기반 학습 플랫폼 확대
- 고용·복지·건강 등과 연결된 통합형 학습지원 체계

이러한 전환은 단순한 교육정책이 아닌, 대한민국이 미래 사회에서 살아남기 위한 국가 전략이다. 학습을 통한 사회 통합과 공동체 회복, 평생학습은 단지 개인의 자기계발만을 위한 수단이 아니다. 세대 간의 이해, 지역사회의 재생, 사회적 갈등의 치유에도 강력한 효과를 발휘한다.

- 마을 단위의 공동체 교육
- 다양한 세대가 함께 배우는 통합 학습 프로그램
- 경력 단절여성, 은퇴자, 이민자 등을 위한 사회 적응형 교육

이처럼 평생학습은 '나만을 위한 학습'에서 '함께 살아가는 사회를 위한 학습'으로 나아가야 합니다. 그 길은 곧 공동체의 회복이자 지속 가능한 사회로 가는 지름길이다.

"지금은 평생학습이 선택이 아니라 생존의 조건이다.
배움이 일상이 되는 사회, 그 사회가 바로 대한민국의 미래입니다."

제5부

미래 대한민국과 교육

제1장

대한민국 사회에 필요한 교육가치

1. 왜 다시 교육의 가치를 묻는가?

대한민국은 지금 정치, 경제, 사회, 문화 전반에서 큰 전환점을 맞고 있다. 기술은 급변하고, 인구는 감소하며, 신뢰는 사회 전반에서 흔들리고 있다. 이러한 변화 속에서 교육의 역할은 무엇이며, 우리는 어떤 교육 가치를 중심으로 새로운 사회를 설계해야 하는가? 오늘날 교육은 더 이상 단순한 지식 전달이 아니다. 교육은 '사회를 움직이는 에너지'이며, '공정한 출발선'이자 '미래를 설계하는 도구'다.

"교육은 인간을 인간답게, 사회를 사회답게 만든다."

-존 듀이

2. 공정성과 포용성 – 출발선이 공평해야 한다

대한민국 사회는 학벌, 배경, 지역, 성별 등 다양한 요인에 따라 격차가 고착화되고 있다. 교육은 이 격차를 해소할 수 있는 유일한 통로다. 하지만 현실의 교육은 오히려 그 격차를 확대하는 방향으로 기능하고 있다.

- 사교육의 양극화
- 지역 간 교육 자원의 불균형
- 계층별 진학률과 진로 선택의 차이

교육이 공정해야 사회가 공정하다. '기회의 평등'이 보장되어야 '성과의 차이'가 사회적으로 수용 가능하다.

3. 존중과 다양성 – 나와 다른 너를 이해하는 힘

미래 사회는 정답이 하나가 아닌 사회다. 다른 생각, 다양한 배경, 다양한 선택이 공존하는 사회 속에서 우리는 어떻게 서로를 이해할 수 있을까? 그 해답은 교육에 있다.

- 타인의 입장을 존중하는 태도
- 서로 다른 생각을 경청하는 능력
- 협업을 통해 문제를 해결하는 경험

교육은 다양성 속에서 균형을 찾는 훈련이며, 민주사회를 지탱하는 기초 체력이다.

"교육이란 가장 다양한 사람이 함께 살아가는 방법을 배우는 것이다."   -넬슨 만델라

4. 창의성과 자기 주도성 – 문제를 해결하는 힘

단순한 지식 습득만으로는 더 이상 경쟁력을 갖출 수 없다. AI 시대, 자동화 시대에 인간만이 가질 수 있는 경쟁력은 창의성, 비판적 사고, 공감력, 자기주도적 문제 해결력이다. 교육은 이제 질문하게 하고, 도전하게 하며, 실패를 두려워하지 않도록 도와야 한다. 학생들이 스스로 배움의 주체가 되고, 삶을 설계하는 사람이 될 수 있도록 길을 열어주어야 한다. 창의성은 자유로운 환경에서 자라고, 자기주도성은 선택과 책임의 경험 속에서 길러진다.

5. 지속가능성과 책임성 – 함께사는 세상을 위한 학습

교육은 개인의 성공만을 위한 수단이 아니다. 더불어 사는 사회를 만드는 도구다. 환경, 기후위기, 불평등, 고령화 등 복잡한 사회문제는 지속가능한 교육 가치 없이는 해결될 수 없다.
• 공동체에 대한 책임

- 환경에 대한 감수성
- 윤리적 소비와 행동의 실천

교육은 사회적 책임과 윤리의식을 키워주는 장이어야 한다. 모두가 함께 살아갈 수 있는 세상을 상상하고 실현하는 힘, 그것이 진정한 교육의 가치다.

6. 어떤 교육 가치가 대한민국을 이끌 것인가?

대한민국 사회가 지금 요구하는 교육 가치는 다음과 같다.
- 공정성 – 출발선이 공평한 사회
- 다양성 – 서로 다른 목소리가 공존하는 사회
- 창의성 – 스스로 길을 찾는 사회
- 책임성 – 함께 살아갈 수 있는 사회

이 네 가지는 단지 교과서 안에서 가르칠 수 있는 가치가 아니다.

학교, 가정, 사회가 함께 키워야 할 시대정신이며, 미래 대한민국을 이끌 교육의 근본 방향이다.

"대한민국 교육이 바로 선다는 것은 곧 대한민국의 미래가 바로 선다는 뜻이다."
                                                          -저자 류수노

미래 대한민국 교육은 경제성장 중심의 효율성과 경쟁만이 아니라, 사람 중심, 공동체 중심, 지속가능한 사회를 위한 교육 가치에 기초해야 한다.

교육의 목적은 단순한 인재 양성을 넘어, 삶을 이해하고, 타인을 배려하며, 사회를 함께 만들어가는 인간을 길러내는 것이다.

이제 대한민국은 교육의 중심을 성적 중심에서 인간 성장 중심, 공동체 중심, 미래 가치 중심으로 전환해야 한다.

"경쟁만을 강요하는 교육은 사회를 분열시키고, 지식만을 쌓은 교육은 미래를 준비할 수 없다."

"공정한 기회, 자유로운 선택, 함께하는 번영— 이 세 가지 가치가 대한민국 교육을 이끌어야 한다."

제2장

미래 교육을 위한 새로운 선택

1. 교육의 방향을 다시 묻다

지금 우리는 새로운 문명 전환의 한가운데 서 있다. 인공지능, 디지털 기술, 고령화, 기후위기, 세계화의 퇴조 등 사회의 기반이 흔들리고 있다. 이러한 변화 속에서 우리는 질문해야 한다.

"지금의 교육은 과연 미래를 준비하고 있는가?"

전통적인 교육방식으로는 급변하는 시대를 따라갈 수 없다. 주입식 교육, 획일적인 평가, 경쟁 중심의 시스템은 이제 한계에 도달했다. 지금이야말로 교육의 방향을 다시 세워야 할 시점이다. 그리고 그 방향은 "새로운 선택"을 통해 만들어져야 한다.

2. 지식 중심 교육에서 역량 중심 교육으로

오랜 시간, 한국 교육은 지식 암기와 시험 성적에 기반해왔다. 그러나 지식은 AI가 더 많이, 더 정확하게 다룰 수 있는 시대다. 이제는 어떤 지식을 '가지고 있느냐'보다 '어떻게 활용하느냐'가 더 중요해졌다.

- 문제해결 능력
- 창의적 사고력
- 협업과 소통 능력
- 자기 주도 학습 능력

이런 핵심 역량이 바로 미래 사회의 생존 조건이다. 따라서 교실도, 커리큘럼도, 평가도 역량 중심으로 전환되어야 한다.

"미래는 더 이상 암기된 지식의 경쟁이 아니라, 배움을 통해 무엇을 해낼 수 있느냐의 경쟁이다."

3. 수직적 구조에서 수평적 참여로

과거 교육은 교사가 가르치고 학생이 배우는 일방적 구조였다. 그러나 지식의 경계가 무너지고, 기술의 발전으로 누구나 정보에 접근할 수 있는 시대에선, 교육도 수평적 소통과 참여의 구조로 바뀌어야 한다.

- 교사는 조력자, 학생은 탐구자
- 교과서 대신 프로젝트 기반 수업
- 질문이 정답보다 더 중요해지는 교실

학생이 수업의 주체가 되는 변화가 필요하다. 이는 단지 교수법의 변화가 아니라 교육철학의 전환이다.

4. 입시 중심 교육에서 삶 중심 교육으로

입시만을 위한 교육은 학생들의 삶을 갉아먹는다. 배움은 시험을 위해 존재하는 것이 아니라, 삶을 살아가는 힘을 길러주기 위한 것이다.
- 진로 탐색 중심 교육
- 직업교육과 일반교육의 유기적 연결
- 교실과 사회, 학교와 일터의 연계

교육은 삶을 위한 것이어야 한다. 입시 중심 패러다임을 벗어나, 실생활과 연결된 배움이 중심이 되어야 한다. 그러기 위해선 고등학교부터 삶의 문제를 다루는 교육이 이뤄져야 한다.

"아이들에게 성적보다 더 중요한 것은, 자신이 살아갈 방향을 찾게 해주는 것이다."

5. 한 번의 교육에서 평생의 교육으로

이제 교육은 청소년기 몇 년간만 이뤄지는 것이 아니다. 디지털 전환, 일자리의 변화, 생애주기의 다변화로 인해 누구나 평생에 걸쳐 배워야 한다.

- 청년, 중장년, 고령자 모두를 위한 재교육 시스템
- 마을과 도시가 학교가 되는 교육 생태계
- 디지털 기반 평생학습 플랫폼 구축

교육은 일회적인 경험이 아니라, 평생을 함께 가는 여정이다.

미래 교육은 연령에 제한받지 않고, 언제든지 다시 배울 수 있는 열린 교육 시스템으로 나아가야 한다.

6. 이제는 '선택'이 아니라 '결단'이다

미래 교육은 단순한 기술적 변화가 아니라 철학의 전환, 사회 시스템의 재설계를 요구한다. 우리는 지금까지의 익숙한 교육방식을 넘어, 낯설지만 피할 수 없는 새로운 교육을 선택해야 한다.

- 지식 중심에서 역량 중심으로
- 교사 중심에서 학생 중심으로
- 입시 중심에서 삶 중심으로

청소년 중심에서 전 세대 중심으로 재설계 되어야한다. 아이들이 배우며 성장하고, 교사가 가르치며 보람을 느끼고, 학부모가 학교를 신뢰할 수 있는 교육. 그것이 대한민국 교육이 지향해야 할 길이며, 우리가 지금 결단해야 할 이유이다.

"미래교육은 선택이 아니라 생존의 조건이다. 지금, 우리가 변화하지 않으면 미래는 우리를 기다려주지 않는다." 새로운 선택은 결국 사람에 대한 믿음에서 출발한다.

"새로운 교육의 길은 선택이 아니라 결단에서 시작된다."

"우리가 교육에서 내리는 결단이 곧 다음세대의 운명을 결정한다."

제3장

대한민국 사회의 발전과 교육의 역할

1. 교육이 대한민국을 세운 힘

대한민국은 전쟁의 폐허를 딛고, 짧은 시간 안에 산업화와 민주화를 이룬 유례없는 국가이다. 그 중심엔 교육이 있었다. 교육은 사회적 이동의 사다리를 제공했고, 국가 경쟁력을 높였으며, 국민 통합의 기틀이 되었다. 하지만 지금 우리는 다시금 물어야 한다. "이제 대한민국 교육은, 어떤 미래를 위해 어떤 역할을 해야 하는가?" 이 질문은 단지 교육 문제에 그치지 않는다. 한국 사회의 지속 가능한 발전, 정의로운 복지체제, 균형 있는 경제성장을 위해 교육은 그 뿌리부터 다시 설계되어야 한다.

2. 교육의 새로운 역할 : 불평등 해소와 사회통합

교육은 단지 개개인의 성장을 돕는 도구가 아니라, 사회 전체의 결속을 이루는 기반이다. 그러나 지금 한국 사회는 계층 간 격차, 지역 간 불균형, 세대 간 갈등이 심화 되고 있다. 이런 균열은 결국 교육 격차로 이어지고, 다시 사회 불평등을 확대하는 악순환을 낳고 있다. 교육은 불평등의 복제 도구가 되어서는 안된다. 교육은 모든 이에게 출발선을 평등하게 보장해야 한다. '공정한 기회'의 사회를 만들기 위해, 교육은 다시 '공공성'을 회복해야 한다. 특히 유아기부터 고등교육까지의 전 과정에서 보편적 학습권 보장, 소외계층 지원 강화, 지역 간 교육 격차 해소가 중심이 되어야 한다.

"교육이 사다리 역할을 하지 못할 때, 사회는 더 이상 희망을 이야기할 수 없다."

3. 인구 감소·고령화 시대, 지속 가능한 사회를 위한 교육

대한민국은 세계에서 가장 빠르게 인구가 줄고 있는 나라다. 출생률은 최저를 기록하고 있으며, 2030년대 중반에는 생산가능 인구가 급감하게 된다.

이 위기 속에서 교육이 해야 할 역할은 무엇인가?

• 평생 교육체제의 구축 : 고령자, 중장년층을 위한 재교육, 전환

교육

- 지속 가능한 일자리 교육 : 기술 변화에 맞춘 직업교육, 사회적 기업 교육
- 삶의 질 향상 교육 : 건강, 금융, 환경, 시민성에 대한 전 생애 교육

교육은 사회의 구조적 위기에 대한 해답을 준비하는 도구이자, 국민 각자의 삶의 질을 향상시키는 자산이 되어야 한다.

4. 민주 시민사회로 나아가는 힘, 교육

성숙한 민주주의는 단지 투표로 완성되지 않는다. 사회 구성원 각자가 민주적 가치, 공동체 의식, 공공의식, 다름에 대한 존중을 배우고 실천할 때 가능하다. 그 출발은 바로 학교 교육이다.

- 인성교육과 민주시민교육 강화
- 토론과 협력 중심의 수업 운영
- 사회 현안과 연결된 교육 내용 설계

학교는 단지 지식 전달의 공간이 아니라, 민주시민을 기르는 공간이 되어야 한다. 특히, 비판적 사고, 정보 해석력, 공적 윤리의식은 AI 시대에도 인간만이 가질 수 있는 역량이다.

"교육은 국가가 민주주의를 유지할 수 있는 가장 강력한 장치다."

– 존 듀이

5. 포용적 성장과 혁신을 위한 인재 양성

대한민국의 경제가 선진국 수준에 도달했지만, 불평등과 양극화는 여전하다. 혁신은 일부만의 몫이 되어선 안 되며, 포용적 성장이 뒷받침되어야 지속가능하다. 그 중심엔 교육을 통한 포용적 인재 양성이 있다.

- 모든 아이가 창의력을 펼칠 수 있는 환경 조성
- 다양한 진로와 적성 중심 교육 확산
- 과학기술 기반 융합교육과 인문사회 균형 교육

즉, 단지 기술자를 길러내는 것이 아니라, 기술에 가치를 입히고 사회를 이해하는 인재를 키우는 것이 미래 교육의 핵심이다.

6. 교육이 국가의 전략이다

지금까지 대한민국은 교육을 통해 성장해왔다. 그러나 이제는 그 교육이, 우리 사회의 한계와 문제를 증폭시키고 있지는 않은지 반성해야 할 때다.

- 교육은 사회의 거울이다.
- 교육은 미래를 비추는 창이다.
- 교육은 국가가 걸어갈 방향을 정하는 나침반이다.

이제 대한민국은 더 포용적이고, 더 공정하며, 더 지속가능한 사회로 나아가야 한다. 그 길의 중심에 반드시 교육이 있어야 한다.

따라서 대한민국 교육의 역할을 단순한 학문적 성취를 넘어, 모두가 함께 살아갈 수 있는 사회적 토대를 마련하는 일이다. 교육은 곧 대한민국의 미래이며, 우리 모두의 희망이다. 대한민국의 미래는 자원에 있지 않고, 교육이라는 전략에 달려있다. 교육은 인재를 키우고 인재는 국가를 이끌며, 그 힘이 곧 대한민국의 전략이다.

"인재를 키우지 못하는 나라는 번영을 지속할 수 없다."

"국가를 새롭게 하려면, 교육부터 새롭게 해야 한다."

-아리스토텔레스

교육이 국가의 미래다

"인간은 교육을 통해서만 인간이 될 수 있다." 독일의 철학자 이마누엘 칸트의 이 말은 교육이 단순한 지식 전달이 아니라 인간 존재의 본질과 존엄을 완성하는 과정임을 일깨워줍니다. 교육은 한 개인의 삶을 바꾸고, 나아가 사회를 바꾸며, 결국 국가의 운명을 결정짓는 가장 근본적인 힘입니다.

고대 그리스의 철학자 아리스토텔레스는 "교육은 국가의 기초"라고 했습니다. 국방이나 경제보다도 먼저 교육이 바로 서야 나라가 바로 설 수 있다는 가르침입니다. 교육의 양은 곧 국가의 양이며, 교육의 질은 국가의 질과 맞닿아 있습니다. 지금 우리가 어떤 교육을 하느냐가 곧 10년, 20년 후 우리가 어떤 나라에 살게 될지를 결정합니다. 지금 우리나라 교육은 중대한 전환기에 있습니다.

우리는 오랜 기간 추격국가형 교육, 즉 선진국의 모델을 빠르게 따라가고, 따라잡는 교육을 통해 경제성장을 견인해왔습니다. 이른바 '입시 경쟁' 중심의 구조 속에서 지식 암기와 성적 향상에 집중했던 교육은, 일정 부분 성공을 거두었습니다. 하지만 지금은 선도국가형 교육으로의 대전환이 필요합니다. 더 이상 따라가는 교육이 아닌, 스스로 길을 만들고 창조해내는 교육이어야 합니다.

창의성과 융합, 비판적 사고, 사회적 책임, 세계시민의식 등이 핵심 가치로 떠오른 지금, 우리는 여전히 과거형 경쟁 교육에 머무르고 있습니다. 창의성과 감성, 그리고 문제 해결 역량이 중요한 시대입니다. 이제는 지식을 얼마나 많이 아느냐보다 그 지식을 어떻게 연결하고, 어떤 가치를 창출하느냐가 더 중요해졌습니다. 그러나 우리 교육현장은 아직도 정답 중심의 교육, 수능 중심의 평가에 갇혀 있습니다. 이 구조 속에서 아이들은 질문을 하지 않고, 도전보다 실수를 두려워하며, 실패를 견디지 못합니다. 이대로라면 디지털 전환시대, AI 시대에 우리 아이들이 세계 무대에서 주도적인 인재로 성장하기 어렵습니다. 하지만 감동은 회복 가능합니다.

교육은 본래 희망을 주는 일이었습니다. 감동은 '나를 내려놓음'에서 시작되고, 그것은 결국 공동체에 대한 책임과 배려로 이어집니다. 교사 한 사람이 바뀌면 교실이 바뀌고, 교실이 바뀌면 사회가 바뀝니다. 학생은 교사의 수준을 넘기 어렵다는 말은 결코 교사의 책임을 강조하기 위함이 아니라, 교사에 대한 지원과 철학적 전환이 필요함을 말하는 것입니다. 우리는 교육을 통해 더 나은 사회를 만들어야 합니다. 성공스토리는 여전히 중요합니다. 개천에서 용이 나는 사회가 사라졌다는 체념은 사회의 가능성을 스스로 닫는 일입니다. 노력과 성장이 존중받는 사회, 누구나 교육을 통해 삶을 바꿀 수 있다는 믿음이 회복되어야 합니다. 교육은 단지 직업을 얻기 위한 수단이 아니라, 자아실현과 공동체적 책임을 배우는 통로여야 합니다.

마지막으로, 지금 필요한 것은 단순한 교육제도의 개선이 아니라 교육의 철학적 재정립입니다. 우리는 교육이 무엇을 지향해야 하는가를 먼저 묻고, 그에 맞는 제도와 실천을 설계해야 합니다. 교육은 아이들에게는 희망을, 학부모에게는 신뢰를, 교사에게는 자긍심을 주는 일입니다. 그것이 가능하기 위해서는 교육의 본질로 돌아가야 합니다. 교육이 다시 감동을 회복할 때, 우리는 더 나은 사회, 더 성숙한 미래를 향해 나아갈 수 있습니다. 그리고 바로 지금이, 그 대전환을 시작할 때입니다.

"교육은 경제를 살리고, 문화를 키우며, 민주주의를 지켜내는 힘이다."

"교육은 내일을 준비하는 가장 위대한 국가전략이다."

제4장

개천의 용과 중산층을 늘려야 한다

1. 개천에서 용 나던 시대는 끝났는가?

한때 우리 사회에는 "개천에서 용이 난다"는 말이 자연스럽게 통용됐다. 가난한 집안에서 태어났더라도, 교육을 통해 계층 상승을 이룬 사람들이 많았고, 그들의 이야기는 다음 세대에게 꿈과 희망이 되었다. 그러나 지금은 상황이 달라졌다. 교육 기회 자체가 부모의 사회경제적 지위에 의해 결정되고, 이른바 '금수저'와 '흙수저'의 간극은 교육에서부터 시작된다. 공정한 출발선이 무너진 사회에서, 더 이상 '개천의 용'은 시스템이 만들어내는 결과가 아닌 예외적 존재가 되었다.

"희망은 예외가 아닌, 보편이 되어야 한다."

2. 중산층의 붕괴와 교육의 위기

한국 사회의 중산층은 교육을 통한 계층 상승을 꿈꾸며 버텨 왔다.

그러나 지금 중산층은 사교육비 부담과 교육의 불확실성 속에서 점점 붕괴되고 있다. 높은 사교육비는 가계의 삶을 압박하고, 부모의 교육열은 아이들의 부담으로 전가되며, 지역 간, 계층 간 교육 격차는 더욱 벌어지고 있다. 이처럼 교육은 더 이상 희망의 사다리가 아닌, 불평등을 재생산하는 구조가 되어가고 있다. 중산층의 몰락은 곧 사회 전체의 역동성을 떨어뜨리며, 미래 세대의 도전 의지조차 꺾어버리는 결과를 낳고 있다.

3. 사교육 의존구조가 불평등을 고착시킨다

입시 경쟁 중심의 교육 시스템은 사교육을 제도화된 '필수코스'로 만들었다.

초등학생 때부터 입시 전략을 세우고, 고액 컨설팅과 특목고 대비 프로그램이 판을 친다. 이러한 구조는 경제력이 곧 학력과 미래를 결정하는 구조로 이어진다.

"공교육이 제자리를 잃을수록 사교육은 구조화 되고, 불공정은 일상이 된다."

4. 공정한 대입제도로 개혁해야 한다

대학입시는 교육 사다리의 핵심이다. 하지만 현재의 대입제도는 정보력과 자본력 있는 가정에 유리한 방식으로 운영된다.

이를 해결하기 위해 다음과 같은 개혁이 절실하다.

- 학교생활기록부 체제 개편 : 신뢰할 수 있는 기록 중심으로 전환
- 수능 등 국가시험 체제 간소화 또는 폐지 : 단일화된 시험 중심에서 탈피
- 기회균형 선발제도의 확대 : 지역, 계층, 장애 등 소외계층을 위한 정원 확보
- 대학의 자율성과 전문성 확대 : 고등교육 기관으로서의 책무 존중
- 입시정보 투명화 및 시장원리 적용 : 공정성과 경쟁력 동시 확보

"금수저에게 유리한 대입제도는 교육이 아니다. 공정한 제도만이 개천의 용을 가능하게 한다."

5. 공교육 정상화가 해답이다

궁극적으로는 공교육이 다시 중심을 잡아야 한다. 학생이 학교 안에서 진로를 찾고, 역량을 키우며, 자신감을 쌓을 수 있도록 해야 한다. '사교육 없이도 충분한 학교', 이것이 공교육의 목표가 되어야

한다.

- 기초학력 보장과 창의성 교육의 균형
- 맞춤형 진로·진학 지도 강화
- 교사의 전문성 향상과 자율성 보장
- 지역 거점 및 온라인 공동 교육 플랫폼 활성화
- 상대평가 중심에서 절대평가 중심으로의 전환

"공교육이 정상화되어야 사교육도 줄어들 수 있다."

공교육이 개인에게 희망을 주고, 사회 전체에 미래를 보장하는 구조로 거듭나야 한다.

6. 모두가 오를 수 있는 사다리를 만들자

교육의 공정성은 단순한 이념이 아니다. 그것은 이 사회를 유지하는 최소한의 합의이며, 미래에 대한 공동 책임의 시작점이다. '개천의 용'이 특정인의 드문 성공담이 아니라 누구나 도전할 수 있고, 사회가 뒷받침하는 구조가 되어야 한다. 그리고 그것이 바로 중산층이 회복되고 사회가 건강해지는 길이다.

교육은 기회의 평등을 넘어, 결과의 가능성을 보장하는 구조가 되어야 한다.

"개천에서 용이 날 수 있어야 나라가 산다."

"교육이 다시 공정해져야, 대한민국은 다시 도약할 수 있다."

7. 교육을 통한 사회 이동성 회복

사회 이동성은 단순한 소득분배 문제를 넘어, 국민의 희망과 신뢰의 문제다.

공정한 교육 기회가 없다면 '노력하면 성공한다'는 믿음은 무너지고 사회 전반에 패배주의와 냉소주의가 퍼진다. 이를 막기 위해 다음과 같은 개혁이 필요하다.

(1) 고교학점제와 맞춤형 진로 설계

학생 개개인의 재능과 흥미를 반영해 다양한 진로 경로를 제공하고, 성취 경험을 확대해야 한다.

(2) 지방과 저소득층 지역의 교육격차 해소

농어촌·저소득 지역의 교사 수급, 교육 인프라, 진로 지원에 집중적인 재정 투자와 인력 배치가 이루어져야 한다.

(3) 공정한 대입제도와 블라인드 평가 확대

경제력이나 사교육 의존도가 아닌, 학교교육 중심의 평가체계로 돌아가야 한다.

8. 중산층 복원의 핵심, 직업교육과 평생학습

중산층 확대는 단지 소득만의 문제가 아니라 안정된 직업과 삶의 역량을 보장하는 교육체계와 연결되어야 한다.

(1) 고졸 취업 활성화와 고등직업교육 강화

직업계고 졸업생이 취업과 학습을 병행하며 성장할 수 있는 이중 경력 경로가 필요하다. 학점은행제, 후 진학 제도, 산업대학 확대 등이 대안이 될 수 있다.

(2) 지역기반 평생직업교육 체계 구축

중장년층의 재취업, 경력 전환, 창업 등을 지원하기 위해 지자체, 대학, 산업체, 평생 교육기관이 연계된 시스템이 구축되어야 한다.

(3) 중산층 재건을 위한 정책적 연계

교육정책은 고용, 복지, 주거 정책과 함께 설계되어야 하며, 특히 교육 – 일자리 – 소득 간 선순환 구조를 만들어야 한다.

9. 새로운 계층 상승 사다리를 세우자

대한민국 교육의 미래는 모든 계층의 학생이 자신의 능력과 노력으로 성장할 수 있는 토대를 마련하는 것에 달려 있다.

1) 대학 중심 교육 체계의 전환

모든 학생을 대학으로 보내는 대신, 다양한 교육 경로(직업교육, 현장 중심 훈련 등)를 동등하게 인정하고 강화해야 한다.

2) 사교육 의존 탈피와 공교육 정상화

사교육 중심 경쟁 구조를 줄이고, 학교 교육 내에서 충분한 학습과 성장을 경험할 수 있도록 교육과정을 개편해야 한다.

3) 청년층의 자립과 삶의 질 향상

교육을 마친 청년이 노동시장에 진입하고, 주거·소득 기반을 확보해 안정적으로 중산층으로 성장할 수 있는 구조가 필요하다.

10. 희망 사다리 복원이 곧 국가의 미래다

개천에서 용이 나지 않는 사회는 정체되고 퇴행한다. 중산층이 줄어드는 사회는 불안정하고 위태롭다. 교육은 단순한 경쟁의 장이 아니라, 사람을 성장시키고 계층을 넘게 하는 사다리여야 한다. 교육을 통한 사회 이동성 회복, 중산층 확대를 위한 교육-직업 연계 강화, 모두가 삶의 가능성을 찾을 수 있는 미래 지향적 교육체계, 이것이 대한민국 사회가 다시 도약할 수 있는 출발점이 될 것이다.

"무너진 사다리를 방치하면, 청년의 꿈도 국가의 미래도 사라진다."

"희망사다리를 복원하는 것은 곧 사회 정의를 회복하고 국가 경쟁력을 세우는 일이다."

우리나라 교육 사다리 복원을 위한 실천적 과제는?

"교육은 인간의 운명을 바꿀 수 있는 유일한 사다리였다. 그러나 그 사다리가 무너지고 있다."　　　　　　　　　　-저자, 류수노

1. 교육 사다리, 왜 무너졌는가?

과거의 한국 사회는 "개천에서 용 난다"는 희망이 있었습니다. 가난해도 성실하고 똑똑하면 올라갈 수 있다는 사회적 상승의 통로, 그 통로의 중심에는 바로 교육이 있었습니다. 그러나 오늘날 교육 사다리는 심각하게 훼손되었습니다. 부모의 경제력에 따라 교육 기회가 갈립니다. 사교육 의존도는 역대 최고치, 사교육비는 가계 부담의 핵심입니다. 입시제도는 점점 더 복잡하고 불투명해졌고, 금수저와 흙수저 사이의 간극은 교육에서조차 메워지지 않고 있습니다. "공정한 출발선은 사라졌고, 교육은 불평등을 재생산하는 구조가 되었습니다."

2. 교육 사다리 복원을 위한 다섯 가지 핵심 과제

(1) 공교육의 질 제고와 신뢰 회복

- 학교가 다시 배움의 중심이 되어야 합니다.

- 우수 교원 확보와 교사 전문성 강화, 수업 혁신 필요

- 교실의 다양성과 포용성을 높여 모든 아이가 존중받는 학교공간으로 변해야합니다.

(2) 대입제도의 전면 개편

- 학생부 신뢰 회복, 기회균형 선발제 확대

- 사교육 개입 최소화할 수 있는 정책 설계와 투명한 입시 시스템

- 대학별 전형의 자율성 보장과 공정성의 균형 추구

(3) 교육격차 해소를 위한 지역기반 지원

- 농·산·어촌 및 취약지역 대상 지역교육 혁신지구 확대

- 에듀테크 기반 원격교육 확대 및 거점 학교 시스템 구축

- 문화·예술·과학·진로교육 등 비인지 영역 교육의 공공지원 강화

(4) 사교육 의존 구조 해체

- 사교육 고발형 대입제도 구조 탈피

- 공교육 내 방과 후 학교 다양화 및 질 개선

- 사교육 정보 공시제 등 실질적 사교육 통제 정책 도입

(5) 직업교육과 평생학습 연계 확대

- 고졸 취업 성공 모델 확산, 직업계고 맞춤형 교육 강화

- 대학 중심의 구조에서 직무 중심 학습과 직업 전환 지원체계 확립

- 평생학습 체계 내에서 사회이동 사다리 복원

3. 교육을 통해 다시 희망을 세우자

"교육은 국민의 삶을 바꾸고, 그 삶이 다시 국가의 미래를 바꾼다."

지금 이대로는 안 됩니다. 서울 강남과 지방 읍면 단위의 교육 격차, 부모의 경제력에 따라 달라지는 사교육의 양과 질, 꿈보다 스펙을 먼저 생각해야 하는 현실이 우리 아이들의 내일을 갉아먹고 있습니다. 교육 사다리의 복원은 곧 대한민국의 미래 복원입니다. 이제는 교육이 사회적 상향이동의 사다리가 되도록 구조적 개혁과 지속적 투자, 그리고 모두의 참여가 절실합니다. 교육은 사회를 움직이는 가장 조용하고 강력한 힘입니다. 지금 필요한 것은 거창한 구호가 아니라, 작지만 강한 실천입니다. 교육이 계층 이동의 사다리가 되어 흙수저도 금수저가 될 수 있는 사회를 만들어야 한다. 교육의 사다리를 복원하는 길, 그 시작은 지금 이 순간, 우리 모두의 결단에서 시작됩니다.

"사교육이 아니라 공교육이 아이들의 사다리가 되어야 합니다."

"부모의 지갑이 아니라 아이의 꿈으로 오르는 사다리를 만들어야 합니다."

평준화 교육은 개천 출신들에게 유리할까?

"출발선이 다른 사회에서 교육의 평준화는 공정함을 회복하려는 최소한의 사회적 장치다."

'개천에서 용 난다'는 말이 사라진 시대, 한때는 개천에서 용이 난다고 믿었습니다. 그러나 지금은 그 개천이 말라가고 있습니다.

부모의 경제력과 사회적 자본이 아이들의 미래를 결정짓는 구조는 더욱 견고해졌고, "공정"은 구호로만 남은 현실입니다. 이러한 시대에 평준화 교육은 여전히 개천 출신에게 희망이 될 수 있을까요?. 평준화 교육의 본질은 기회의 평등입니다.

평준화 제도는 학교 간 학력 격차와 교육 자원의 불균형을 해소하고, 학생 개개인의 성향과 역량에 맞는 학습 환경을 보장하기 위해 시작되었습니다. 특히 1970년대 도입 초기에는 명문고-비명문고 간 극심한 차별을 줄이는 데 큰 기여를 했습니다. "누구에게나 비슷한 조건을 보장하는 교육, 그것이 평준화의 철학이다." 평준화가 '기회의 사다리'가 되려면? 하지만 지금은 상황이 달라졌습니다. 학군에 따른 주거 양극화, 사교육 시장의 극심한 쏠림, 그리고 학교 간 비공식적인 서열화는 명목상 평준화를 무력화시키고 있습니다.

특히 개천 출신 아이들이 다니는 학교는 교사 수급, 시설, 진로 프로그램 등 여러 면에서 불리한 조건에 놓이는 경우가 많습니다. 결국, 평준화 교육이 본래의 목적을 실현하려면 다음과 같은 보완이 필요합니다.

▶평준화 교육을 진정 개천 출신에게 유리하게 만드는 조건
- 학교 간 교육 자원의 완전한 균형화
- 지역별 교원 우수 인력 배치, 프로그램 균등 제공, 스마트교육 환경 균질화
- 사교육의 대체 가능한 공교육 강화
- 학습지원교사, 방과 후 활동, 맞춤형 튜터링 제도 확대
- 교육 취약지역에 대한 선제적 지원
- 지역거점 학습센터, 온라인 공동교육과정, 지역 간 교류 학습 강화
- 학생 성장 중심의 성과 평가 체제
- 획일적 시험보다 개별 성장과 진로탐색 중심의 평가 시스템

평준화 교육은 여전히 유효합니다. 평준화 교육은 불공정한 출발선에서 시작하는 이들에게 희망의 마중물이 될 수 있습니다. 다만 그것이 효과를 발휘하려면 제도만이 아닌 실질적 구현을 위한 정치적, 행정적 의지가 뒷받침되어야 합니다. 평준화는 "평등의 시작점"이 되어야 합니다. "평준화는 결과의 평등이 아니라, 기회의

공정을 위한 사회적 약속입니다." 단지 같은 책상, 같은 교실만으로는 부족합니다. 학교가 다른 삶을 살아온 아이들에게 공통의 가능성을 열어주는 공간이 되도록 다시 설계되어야 합니다.

"진정한 평준화는 개천 출신 아이들에게도 하늘을 바라볼 수 있는 사다리를 놓아주는 것이다."

"평준화가 개천의 아이들에게 유리한 제도가 되려면, 사교육 의존도를 낮추고 학교 수업의 신뢰를 높어야 한다."

제5장

무엇보다 배움의 즐거움을 알게 해야한다

"배움이 감동이 될 때, 삶은 변화한다" 공자는 『논어』 옹야편에서 다음과 같은 통찰을 남겼다.

"知之者不如好之者, 好之者不如樂之者(지지자불여호지자, 호지자불여낙지자)." "아는 자는 좋아하는 자만 못하고, 좋아하는 자는 즐기는 자만 못하다." 공자는 지식 자체보다 그것을 즐길 줄 아는 태도를 더 높게 보았다. 배움이란 단순히 정보를 습득하는 것이 아니라, 그것을 사랑하고, 나아가 인생의 기쁨으로 삼는 능력이기 때문이다. 공자의 이 말은 단순한 지식 축적을 넘어, 배움이 삶의 기쁨이 되어야 함을 일깨워 준다.

교육이란 학생 스스로 배우는 과정을 사랑하고, 그것을 즐길 수 있도록 이끄는 일이어야 한다. 감동이 사라진 교실, 의미를 잃은 배움, 오늘날 교실에서 '감동'이라는 단어는 점점 낯설어진다. 학생들은 시험과 입시의 굴레 속에 놓여 있고, 교사 역시 교육의 열정보다 행정의 무게에 짓눌려 있다. 수업은 루틴이 되었고, 교과서는 삶과 유리된 채 지식만을 채워 넣는다.

"지금 교육엔 감동이 없다. 감동이 없는 배움은 결국 기억 조차 남기지 못한다." 흥미 없는 공부, 억지로 끌려가는 삶에서는 세상에 자취를 남길 무언가를 만들어낼 수 없다. 지금은 교육이 진심으로 묻고 또 답해야 할 시점이다. '어떻게 감동을 회복할 것인가?'

억지로 끌어내는 배움이 아닌, 스스로 끌어내는 배움, 교육은 밥벌이의 수단이 아니라, 사람을 사람답게 만드는 여정이어야 한다. 하고 싶지 않은 일을 억지로 시키는 것이 아니라, 하고 싶은 일을 스스로 찾아 몰입하도록 도와야 한다.

"감동은 억지로 만들어지는 것이 아니다. 감동은 자발성과 몰입에서 비롯된다." 학생이 눈을 반짝이며 질문하고, 새로운 것을 알아가는 데서 기쁨을 느낄 때 비로소 참된 배움이 시작된다. 교육은 지식 이전에 희망의 서사, 감동의 서사, 자존의 서사를 품어야 한다. '성공 스토리'가 사라진 사회, 지금 우리 사회는 아이들에게 성공의 서사를 보여주지 못하고 있다.

'도전과 실패', '성장과 성취'의 서사는 사라지고, 있는 것은 정해진 길을 잘 걷는 기술뿐이다. 진짜 배움은 틀리고 넘어지고, 다시 일어서는 과정에서 태어난다.

"교육이 삶을 바꾼다는 믿음을 되살려야 한다." 아이들이 자신의 가능성을 스스로 깨닫고, 기꺼이 도전하며 살아가는 이야기. 그것이 배움의 즐거움이자 교육의 감동이다.

교사가 감동받을 때, 학생도 배운다. "학생은 교사의 수준을 넘지 못한다." 이는 단순한 지식의 문제가 아니라 열정과 신념, 삶의 태도에 관한 이야기다. 교사가 먼저 배움에 감동할 때, 그 감동은 자연스럽게 교실로 번진다. 교육은 지식보다 관계이고, 감정이며, 울림이다.

교육 패러다임의 전환은 선택과 자율, 몰입의 문화라고 요약할 수 있다. 우리는 이제 교육 패러다임의 전환을 결단해야 한다. 억지로 성과를 끌어내는 교육이 아닌, 자기 주도와 몰입, 선택과 탐색이 중심이 되는 교육으로 나아가야 한다. "진정한 배움은 자유로운 탐색과 실패의 가능성을 품은 환경에서 자란다." 평가 중심의 입시제도는 학생의 창의성과 자기 주도성을 억누른다. 이제는 선택 기반 교육, 과정 중심 평가, 개별성 존중이 교육의 핵심이 되어야 한다.

배움의 즐거움이 사라진 교육은 미래가 없다. 교육은 모두에게 삶의 길을 열어주는 과정이어야 한다. 청소년들이 배움에서 즐거움을 느끼고, 자신의 삶을 주체적으로 설계하며, 무엇보다 자신에게 기대할 수 있는 힘을 기르게 해야 한다.

"Stay Hungry, Stay Foolish." 갈망하라, 우직하라!

-스티브 잡스

진정한 교육은 스티브 잡스의 말대로, 갈망하고 우직하게 몰입하여 아이들 안에 잠든 호기심과 도전정신을 깨우는 것이다. 교육은 정부나 교사만의 과제가 아니다. 학부모, 지역사회, 기업, 지방자치단체 모두가 함께 만들어야 할 공동체의 프로젝트다. 배움의 즐거움은 혼자 만들어질 수 없다. 함께 꿈꾸고 함께 실천할 때 비로소 아이들의 삶을 변화시킬 수 있다. 지금 필요한 교육개혁은 제도의 수정만이 아니다. 아이들이 스스로 배우고 싶은 마음이 들고, 교사가 교육에 감동할 수 있도록 하는 근본적인 회복이다.

"교육은 아이들에게 희망을, 학부모에게 신뢰를, 교사에게 자긍심을 주는 것이다." 배움의 즐거움을 알게 하는 교육, 그것이 우리 모두가 함께 만들어가야 할 새로운 교육의 시작이다.

"배움이 고통으로 느껴진다면, 그 교육은 이미 길을 잃은것이다."

"배움의 즐거움을 아는 아이가 창의성을 발휘하고, 미래를 준비한다."

4.0 시대에 필요한 인재의 조건은?

1. 4.0 시대란 무엇인가?

4.0 시대는 산업사회의 네 번째 전환기를 의미하며, 보통 4차 산업혁명 시대와 같은 의미로 사용됩니다. 하지만 단순히 산업구조만이 아닌, 기술, 인간, 사회 전반의 변화를 포함하는 더 큰 패러다임 전환을 의미합니다.

① 기술 중심의 초지능 사회

AI(인공지능), 빅데이터, IoT(사물인터넷), 로봇, 블록체인, 디지털 트윈, 메타버스, 양자컴퓨팅 등 다양한 기술이 융합되어 사회 시스템의 기반을 이루고 있습니다. 사람과 기계, 현실과 가상, 데이터와 의사결정이 유기적으로 연결되는 사회입니다.

② 초연결성과 초개인화

디지털 기기와 플랫폼을 통해 사람, 사물, 데이터, 공간이 실시간으로 연결됩니다. 동시에 AI는 개인의 성향, 취향, 행동을 분석하여 맞춤형 정보를 제공하는 초개인화 시대를 열고 있습니다. 이는 교육, 소비, 노동, 복지, 정치 등 전 영역에 영향을 미칩니다.

③ 지속 가능한 사회로의 전환 요구

기후 위기, 인구 구조 변화, 지역 불균형, 고용 불안정 등 구조적 문제를 해결하기 위한 새로운 해법이 필요합니다. 기술만으로는 해결이 어렵고, 이를 이해하고 활용할 수 있는 사람 중심의 해석과 가치 판단이 중요해지고 있습니다.

2. 21세기는 인재 전쟁의 시대다 – 거미와 개미의 길

21세기는 국가와 기업 모두 인재 전쟁에 돌입했다. 단순한 자원 전쟁이 아니라 두뇌와 창의성이 국가 경쟁력을 좌우한다. 이때 우리는 두 가지 길을 볼 수 있습니다.

① 거미의 길 : 거미는 자신의 영역 안에서 거미줄을 정교하게 치며 먹이를 기다린다. 한정된 환경에서 최적화되어 있지만, 환경이 변하면 쉽게 무너진다.

② 개미의 길 : 개미는 끊임없이 이동하며 새로운 먹이를 찾는다. 협업하고 유연하게 대응하며, 실패를 두려워하지 않는다.

4.0 시대 인재는 거미처럼 한 곳에 머물러 안전만 추구하는 것이 아니라, 개미처럼 유연하게 변화와 기회를 찾아 움직이는 태도를 가져야 합니다.

3. 4.0 시대에 요구되는 인재란?

4.0 시대는 '기술이 주도하는 사회'인 동시에, 기술과 공존하며

새로운 가치를 창출할 수 있는 인간이 중심이 되는 시대입니다. 따라서 단순한 기능적 전문성보다는, 융합적이고 인간적인 역량을 갖춘 인재가 필요합니다.

① 융합적 사고를 바탕으로 문제를 해결할 수 있는 인재

4.0시대의 문제는 복잡하고 다차원적입니다. 하나의 전공이나 사고방식만으로는 해결할 수 없습니다. 이 시대의 인재는 다양한 분야의 지식을 융합하여 새로운 방식으로 문제를 정의하고 해결하는 능력을 지녀야 합니다. 예를 들어, 기술과 인문학, 과학과 예술, 사회와 데이터가 만나 새로운 해법을 만드는 능력입니다.

② 창의적 상상력과 비판적 사고를 겸비한 인재

AI는 계산과 판단은 잘하지만, '질문하는 능력'과 '가치 판단'은 인간만이 할 수 있습니다. 4.0시대의 인재는 틀을 깨고 상상하며, 동시에 사실을 비판적으로 분석하고 평가할 수 있는 능력을 갖춰야 합니다.

③ 자기주도적 학습 능력을 갖춘 평생학습자

기술 변화는 끊임없이 빠르게 진행됩니다. 오늘의 전문성이 내일 무의미해질 수도 있습니다. 따라서 4.0 시대의 인재는 변화에 유연하게 적응하며, 학습을 습관처럼 지속하는 자기주도적 태도를 갖춰야 합니다. 정해진 교육이 아니라, 스스로 필요를 발견하고 학습을 설계해나가는 능력이 중요합니다.

④ 공감과 협력을 중시하는 인간적 역량을 갖춘 인재

기술이 아무리 발달해도, 사람과 사람 사이의 관계와 감정은 대체할 수 없습니다. 공감 능력, 협업 능력, 소통력은 AI가 흉내 내지 못하는 인간 고유의 영역입니다. 4.0시대의 인재는 타인을 이해하고 존중하며, 함께 일할 수 있는 품성과 태도를 갖춘 사람이어야 합니다.

⑤ 디지털·데이터 리터러시를 갖춘 실용적 인재

기술을 단순히 사용하는 데 그치지 않고, 기술을 이해하고 생산적으로 활용하는 능력, 즉 디지털 소양이 필수적입니다. 데이터를 읽고 해석하며, AI 도구를 활용해 문제를 해결할 수 있는 실용적 능력도 중요합니다.

3. 맺음말 : 사람 중심의 혁신 인재를 키워야 한다

4.0 시대는 결국 기술 중심의 사회가 아니라, 기술을 도구로 활용할 줄 아는 사람 중심의 사회입니다. 지식만 축적한 '기계형 인간'이 아니라, 기술을 품격있게 활용하고, 가치를 만들 줄 아는 인간형 전문가, 즉 지성과 감성, 창의성과 윤리를 갖춘 전인적 인재가 4.0 시대가 요구하는 핵심 인재입니다. 대한민국의 교육은 이제 그 방향으로 나아가야 합니다. 기술은 빠르게 진보하지만, 인간성은 그보다 더 깊이 있게 단련되어야 합니다. 우리는 기술의 중심에서 사람을 키우는 교육, 인간을 성장시키는 시스템을 설계해야 합니다.

4.0 시대 인재는 배우되 멈추지 않고, 사람과 지식을 잇되 배타적이지 않으며, 필요할 때는 과감히 시스템과 관행을 바꾸는 힘을 가진 사람이다.

"4.0시대의 인재는 창의적 문제 해결자이자, 비판적 사고를 가진 시민이다."

"4.0시대에 필요한 인재는 배우는 사람(Learmer)이 아니라, 끊임없이 다시 배우는 사람(Re-learmer)이다."

Interlude 21.

미래 공교육에서 AI를 어떻게 활용할 수 있을까?

"기계가 아닌 사람을 위한 AI 교육, 교실에서 희망을 보다"

1. 아이들의 눈빛이 달라졌습니다

서울의 한 중학교 교실, 3학년 국어 수업 시간, AI 기반 학습 플랫폼을 통해 학생들은 각자 다른 속도로 고전문학을 읽고 해석합니다.

어떤 학생은 영상으로, 또 어떤 학생은 음성 해설을 듣고, 몇몇은 직접 토론에 참여하고, 선생님은 교실을 돌며 학생들의 질문을 개별적으로 돕습니다.

"예전엔 발표하라면 다들 눈을 피했어요. 지금은 AI가 발표 연습을 도와주니까, 아이들이 발표를 기다려요."

이 말은 실제로 한 교사에게서 들은 말입니다. AI가 교사를 대체한 것이 아니라, 교사를 해방시킨 것입니다. 가르치는 자와 배우는 자 사이의 거리가 AI를 통해 줄어들고 있습니다.

2. 교사의 조력자, AI

AI는 단순한 기술 도구가 아닙니다. 공교육에서 AI는 교사의 그

림자 조력자가 될 수 있습니다.

- 맞춤형 학습 설계 : AI는 학생 개개인의 이해도와 학습 성향을 분석해 맞춤형 문제와 자료를 제시합니다.
- 진단과 평가의 자동화 : AI는 서술형 문장까지도 분석하여 학습 피드백을 제공하며, 교사의 업무 부담을 줄입니다.
- 교실 운영의 혁신 : 학습 관리, 출결, 과제 제출 등 행정 업무를 자동화하여 교사는 수업에 더욱 집중할 수 있습니다.

그러나 이 모든 것이 기술이 아니라 교육적 철학과 연계될 때 비로소 의미를 갖습니다.

3. 우리 아이들에게 필요한 것은 'AI 교육'이 아니라 'AI를 활용한 사람 중심 교육'

어느 고등학생이 말했습니다. "AI는 잘 쓰면 칼이고, 못 쓰면 혼란이에요. 우린 어떻게 써야 할지 배우고 싶어요." 이 말은 단순한 기술 사용법이 아니라, AI 시대에 살아갈 인간으로서의 질문, 그리고 방향성을 배우고 싶다는 갈망입니다. 공교육은 바로 여기에 응답해야 합니다.

- 비판적 사고력
- 정보 판별 능력
- AI 윤리와 책임 의식
- 협력적 문제 해결 역량

이것이 공교육이 AI 시대에 길러야 할 핵심 역량입니다. 학생들은 기술이 아닌, 기술을 다루는 사람의 품격을 배워야 합니다.

4. 현장의 목소리를 들으십시오

많은 교사들은 말합니다. "AI 교육이 필요하다는 건 알겠는데, 어디서부터 어떻게 해야 할지 모르겠어요."

"교육청에서 실험적으로 한두 학교만 지원하고 끝날까 걱정입니다." 이제는 정부와 교육당국이 현장의 목소리를 제도와 예산으로 뒷받침할 때입니다.

- 교사 대상 AI 교육과 재교육 프로그램의 확대
- AI 활용 교육 콘텐츠 개발 및 공유 시스템 구축
- AI 윤리 및 시민교육을 담은 새로운 교과서 개발
- 교육격차 해소를 위한 디지털 기반 인프라 확충

5. 결론 : AI는 아이들을 위한 것이다

AI는 학생을 위하고, 교사를 도우며, 교육의 본질을 회복하는 도구입니다.

- 기계가 아니라 사람이 중심이 되는 교육,
- 알려주는 교육이 아니라 함께 탐구하는 교육,

그런 미래 교육의 실현은 바로 지금, 공교육이 AI를 어떻게 품고 설계하느냐에 달려 있습니다.

Interlude 22.

생성형 AI와 미래교육, 기회인가 도전인가?

"기회로 만들 것인가, 도전에 머물 것인가 – 교육 현장의 선택이 미래를 바꾼다"

1. 생성형 AI, 교실에 들어오다

2022년 말 챗GPT가 등장한 이후, "AI가 숙제를 대신 해준다"는 말이 학생들 사이에서 유행처럼 퍼졌습니다. 이후 많은 교사들은 혼란을 겪었습니다.

"아이들이 스스로 생각하지 않고 AI에 의존합니다. 이걸 막아야 할까요, 활용해야 할까요?" 이 질문은 오늘날 수많은 교사들이 마주한 현실입니다.

생성형 AI는 이제 단순한 기술이 아닌, 교실의 새로운 구성원이 되었습니다.

그것은 도전일 수 있지만, 동시에 거대한 교육 혁신의 기회이기도 합니다.

2. 기회 : AI가 바꾸는 수업과 학습

① 개인 맞춤형 학습

생성형 AI는 학생의 수준에 맞춘 요약, 번역, 설명을 실시간으로 제공합니다. 특정 개념을 이해하지 못한 학생에게 AI는 다양한 방식으로 설명을 반복하며, 자신만의 속도로 학습할 수 있도록 도와줍니다.

② 창의적 표현과 탐구 촉진

AI는 글쓰기, 발표, 토론에 대한 피드백도 줄 수 있습니다. 학생들은 에세이를 작성하거나 토론문을 구성하며, AI의 조언을 통해 더 나은 표현을 시도하게 됩니다.

③ 교사의 수업 디자인 도우미

AI는 수업 자료, 활동지, 퀴즈 문제 등을 단시간에 생성해 줍니다. 교사는 이 도구를 활용해 수업을 설계하고, 반복되는 행정 업무에서 해방될 수 있습니다.

"이젠 수업을 설계하는 데 AI가 조수처럼 도와줘요.

마치 팀티칭하는 기분입니다." -경기 고등학교 교사 인터뷰 중

3. 도전 : AI와 교육 윤리, 평가의 공정성

하지만 이 모든 변화가 마냥 긍정적이지만은 않습니다.

① 과도한 의존과 사고력 약화 우려

학생들이 AI의 답변을 무비판적으로 받아들이고, 스스로 고

민하는 과정을 생략할 가능성도 큽니다.

② 평가의 위기

에세이, 리포트, 심층 질문에 대한 AI의 답변이 지나치게 정교
해지면서, '누가 진짜 쓴 것인가'를 판단하기 어려워졌습니다.

③ 디지털 격차의 심화

도시와 농촌, 공립과 사립, 집안 환경에 따라 AI 접근성 자체가
차이를 보이면서 새로운 불평등이 발생할 가능성도 큽니다.

4. 현장 교사의 목소리 : "단순히 기술을 도입하는 게 아니라, 철학이 필요합니다"

서울의 한 초등학교 교사는 이렇게 말합니다.

"생성형 AI를 활용하려면 아이들에게 AI 윤리와 활용 방법을 가
르칠 교육 철학과 체계가 있어야 해요. 그냥 기계만 줘선 안 됩니
다." 또 다른 중학교 교사는 말합니다. "교사 재교육이 시급해요. 기
술은 있는데, 어떻게 수업에 녹일지 모르는 교사들이 많습니다."

5. 실현 가능한 제도적 기반이 필요합니다

① 교육과정 개편

AI 윤리, 정보 리터러시, 협업형 문제 해결을 포함한 AI 연계
교과목 개설이 필요합니다.

② 교사 대상 AI 역량 강화 연수 확대

기술을 직접 활용해본 교사들이 수업을 디자인하고,

AI와 공존하는 교실을 실험해볼 기회가 있어야 합니다.

③ 공교육 내 AI 도구의 통합과 규범 마련

학교마다 제각기 다른 플랫폼을 쓰기보다, 교육 당국이 인증한 도구와 안전한 가이드라인을 제공해야 합니다.

6. 결론 : '기회냐 도전이냐'는 기술의 문제가 아니라 의지와 준비의 문제

생성형 AI는 누구를 위하여, 어떻게 활용되는가에 따라 도구가 될 수도 있고, 독이 될 수도 있습니다. 생성형 AI는 교사의 역할을 위협할 수도 있고 학생의 배움을 왜곡할 수 있습니다. 공교육이 이 도구를 올바르게 받아들이고 교육 철학, 정책, 제도, 연수가 함께 움직일 때, AI는 도전이 아니라 진정한 기회가 됩니다. 생성형 AI는 위기가 아니라 교육 혁신을 위한 거대한 도전과제입니다.

"기술은 차갑지만, 교육은 따뜻해야 합니다. 생성형 AI도 결국, 사람을 위한 교육을 가능하게 하는 길이어야 합니다."

"AI와 함께 배우는 법을 익히는것이 곧 미래 교육의 핵심입니다."

"위기인가 도전인가 - 선택은 우리에게 달려있고, 결단은 미래를 결정한다."

돌아가신 아버지,
어머니께 드리는 편지

서문

2021년, 저는 국립대 총장으로 재직하던 시절, 제 삶을 정리하며 남기고자 『넘어져도 괜찮아』라는 책을 썼습니다. 그 책 속에서 처음으로 아버지와 어머니께 편지를 올렸습니다. 그것은 제 생애 처음으로 부모님께 드리는 진지한 고백이자 감사의 글이었습니다.

그로부터 4년이 흘렀습니다. 이제는 또 한 번 마음을 다잡아 두 번째 편지를 쓰고자 합니다. 아버지는 제가 20대 후반이던 때에 66세의 나이로 세상을 떠나셨고, 어머니는 긴 세월을 홀로 버티신 뒤 87세에 생을 마감하셨습니다. 두 분이 걸어오신 길은 고단함의 연속이었지만, 그 안에는 결코 꺼지지 않는 사랑과 희망이 있었습니다.

저는 부모님께서 남겨주신 삶의 무게와 희생을 잊을 수 없습니다. 이 편지들은 단순한 회상이 아니라, 제 생애의 가장 깊은 뿌리에 대한 고백이며, 교육자로서의 다짐을 새롭게 불러일으키는 고백입니다.

저는 교육자였습니다. 흙에서 배운것을 교단 위에서 꽃피우고, 배움에서 얻은 빛을 세상에 흘러 보내고자했습니다. 교실의 작은 책상에서도, 연구실의 낡은 칠판 앞에서도 저는 늘 '사람을 키운다'는 뜻을 가슴에 품었습니다. 넘어짐과 다시 일어섬을 거듭하며, 저는 교육이야말로 희망의 가장 깊은 샘물임을 확신했습니다.

그리고 오늘, 부모님께 드리는 이 두 번째 편지는 교육자의 길을 걸어온 제 생애와 다짐을 다시 불러내는 하나의 증언이 될것입니다.

흙에서 배우고, 별빛으로 이끄신 아버지께

아버지께.

아버지는 언제나 엄격하셨습니다. 제 어린시절, 투정도 원망도 감히 할 수 없을 만큼 무게 있는 존재셨습니다. 웃음보다 꾸중이 많았고, 칭찬보다 훈계가 앞섰습니다. 그러나 이제야 압니다. 그 엄격함은 사랑이었고, 그 침묵은 고뇌였습니다. 당신은 자식들을 먹이고 입히는 무거운 짐을 내려놓을 수 없으셨습니다. 그것이 열 남매를 지탱한 울타리였음을 저는 뒤늦게 깨달았습니다.

군 복무를 마치고 세상을 알기 시작할 무렵, 형님들의 사업 실패와 더불어 큰 실망 속에서 떠나신 아버지의 빈자리는 제게 세상이 무너져 내리는 경험이었습니다.

아버지, 저는 지금도 농사일을 하며 들었던 말씀을 잊을 수 없습니다.

"벼는 사람 발자국 소리를 듣고 큰다."

그 말이 무엇을 뜻하는지 도무지 알 수 없었지만, 연구자가 된 뒤

에야 깨달았습니다. 벼는 발자국 소리를 듣고 크는 것이 아니라, 그 발자국이 남긴 정성과 땀으로 자라는 것이었습니다. 아버지의 말씀은 단순한 속담이 아니라, 자연의 이치를 꿰뚫은 과학적 진리였습니다.

1998년 IMF의 폭풍이 지나간 뒤, 국가에서 보내주어 1년여 미국 유학을 마치고 돌아왔을 때 넷째 형님의 부도로 아버지와 어머니가 평생 살아오신 집이 경매에 넘어가는 상황을 맞닥뜨렸습니다. 저는 아내 신은주와 상의해 그동안 모아둔 적금을 모두 해약하고, 법원에서 그 집을 다시 사들였습니다. 단순히 집을 되찾은 것이 아니라, 아버지와 어머니의 삶과 땀이 스며든 역사를 지켜낸 것이었습니다. 그 집은 지금도 제게 두 분이 살아 계신 듯한 공간입니다.

아버지, 저는 공직에서 시작해 연구자의 길을 걷고, 국립대 교수로 임용된 뒤 학장, 처장을 거쳐 총장까지 맡을 수 있었습니다. 총장 재직 시절, 방송대 운영법을 제정하고, 휴대전화로 수업을 들을 수 있는 유노캠퍼스를 구축했습니다. 또한, 코로나19의 엄중한 시기에 한국방송통신대학교가 50년 동안 축적한 노하우인 1,000여 과목의 콘텐츠를 위기의 시기에 국립대학으로서의 사명을 다하고자 구성원의 동의를 이끌어 내어 국립, 사립을 불문하고 무상으로 전면 개방한 사례는 총장으로서의 결단이었습니다. 그 공로로 정부와 대통령으로부터 녹조근정훈장과 청조근정훈장을 수여받는 영

광을 얻었습니다. 그러나 무엇보다도 제 연구가 대한민국 100대 연구성과에 포함된 것은 제 생애 가장 자랑스러운 일이었습니다.

아버지께서 살아 계셨다면, 제 손을 꼭 잡고 아무 말씀 없이 어깨를 두드리셨을 것 같습니다. 무심한 듯 웃으시면서도 속으로는 누구보다 기뻐하셨을 그 얼굴이 제 눈에 선합니다.

돌이켜보면, 제가 이룬 성취 하나하나는 아버지께 드리는 작은 헌사였습니다. 그리고 깨닫습니다. 세상의 어떤 훈장보다도, 아버지께서 제게 남겨주신 삶의 태도, 성실과 엄격함이야말로 제 가슴에 새겨진 가장 큰 훈장이었다는 것을 잊지않겠습니다.

아버지의 이름으로, 저는 앞으로도 교육을 통한 희망의 길을 묵묵히 걸어가겠습니다. 아이들에게는 공정한 사다리를 놓아주고, 학부모들에게는 믿음의 울타리를 세우며, 우리 사회에는 다시 희망의 등불을 밝히겠습니다. 흙에서 배우고 별빛으로 살아가신 아버지처럼, 저 또한 제 삶을 교육의 흙으로 갈고 닦아, 미래 세대의 별빛이 되도록 제 모든 힘을 다하겠습니다.

교육은 결코 무너져서는 안되는 마지막 희망입니다. 그 희망을 다시 일으켜 세우는 일, 그것이 아버지께서 제게 남겨주신 길이며 제가 감히 이어가야 할 사명입니다. 흙에서 뿌리 내리고, 별빛을 향해 나아가는 그 길 위에서, 저는 반드시 대한민국의 새로운 희망을 다시 세우겠습니다.

바람속 기도로 우리를 품으신 어머니께

어머니께.

어머니, 늘 고단한 삶을 사셨지만 한 번도 힘들다 말씀하지 않으셨습니다. 밭에서 땀을 흘리시고, 저녁이면 바느질하며 등불을 지키던 모습이 아직도 제 눈앞에 아련합니다. 그 고단한 세월을 홀로 감내하시며 자식들을 키워내신 어머니, 저는 그 은혜를 평생 잊지 못합니다. 어머니의 삶은 흙냄새와 땀방울, 그리고 보이지 않는 기도의 울림으로 이루어진 한편의 시였습니다.

어머니, 이제는 제가 살아온 길과 자손들의 삶을 자랑스럽게 말씀드리고 싶습니다. 저는 공직자의 길을 걸으며 연구자로, 교육자로 살아왔습니다. 그 길이 결코 쉽지는 않았지만, 어머니의 눈물과 사랑이 있었기에 여기까지 올 수 있었습니다.

그리고 어머니의 삶은 또 다른 버팀목을 우리에게 남겨주었습니다. 바로 며느리 신은주입니다. 그녀는 세종시에서 농업기술센터 소장으로 근무하며 최초의 세종시 여성서기관이라는 길을 열었고,

서기관으로 공직을 마무리했습니다. 공직자로서 굳센 발걸음을 내디디면서도 가정의 어려움을 끝까지 지켜내며 아들과 딸을 훌륭히 키운 며느리입니다.

무엇보다 남편이 총장이 되는길을 누구보다 헌신적으로 뒷받침하며, 가정과 일터 모두에서 불꽃처럼 빛났습니다. 지금은 동국대학교에서 발효(醱酵)학 강의로 봉직하며 연구와 봉사로 또 다른 길을 열어가고 있습니다. 발효의 길은 어머님의 삶처럼, 묵묵한 기다림과 보이지 않는 힘으로 세상을 살찌우는 길입니다.

손자와 손녀들은 훌쩍 자라 당당히 자기 길을 걷고 있습니다. 손자 류기태는 영국에서 석사까지 마치고 돌아와 지금은 류스포츠 CEO로서 프로축구단을 이끌고 있습니다. 손녀 류민정은 미국에서 학부를 마치고 귀국해 연세대학교 대학원에서 공부를 이어갔고, 지금은 대기업의 중견 사원으로 성실히 일하고 있습니다.

그리고 증손녀 류시아가 태어났습니다. 며느리 조경선은 CJ에서 성실히 근무하다가 사직하고, 지금은 류시아의 양육에 전념하고 있습니다. 그 착하고 헌신적인 모습은, 마치 어머니께서 저희를 키우시던 그 따뜻한 손길을 닮았습니다.

어머니께서 살아 계셨다면, 류시아를 품에 안고 미소 지으시며 "내 피가 이렇게 이어지고 있구나" 하셨을 것입니다. 세월의 주름진 얼굴 위에 봄 햇살 같은 웃음을 띠시고, 작은 아이를 바라보며 가장 큰 사랑을 나누셨을 그 장면이 제 마음속에 또렷이 살아 있습니다.

어머니, 손자와 손녀가 이렇게 훌륭히 자라 각자의 삶을 살아가고, 새로운 세대가 태어나 이어지는 모습을 보면 저는 늘 어머니를 떠올립니다. 그 모든 길은 결국 어머니의 희생과 눈물의 열매이기 때문입니다.

어머니, 저는 오늘 이 편지를 드리며 다시 다짐합니다.

어머님의 이름으로, 저는 앞으로도 교육을 통한 희망의 길을 걸어가겠습니다.

(지리산 천황봉 정상에서. 좌로부터 신은주, 류민정, 류수노)

(며느리 조경선, 손녀 류시아, 아들 류기태)

흙과 별빛으로 남으신 부모님께

흙으로 시작하신 삶, 고단한 노동으로 씨를 뿌리고, 땀방울로 길은 내시며 열 남매의 생을 지켜주셨습니다.

두 분의 삶은 흙과 땀으로 새겨진 한 권의 책이었습니다.

이른 새벽 이슬 속에서 시작해, 저녁 노을 속에 마무리되는 하루하루는 모두 자식늘을 위한 기도와 같았습니다.

어머니는 조용히 울타리가 되어주셨습니다.

밭에서 땀을 흘리시고, 밤이면 바느질하며 등불을 지키셨습니다. 힘들다고, 외롭다고 한 번도 말씀하지 않으셨지만 당신의 눈빛은 늘 우리를 향해 있었습니다. 그 눈빛은 지금도 제 마음속에서 길을 잃지 않게 하는 별빛이 되어 있습니다.

아버지, 어머니,

저는 두 분의 희생 위에서 자라났습니다.

그리고 오늘, 제가 걸어온 길을 이렇게 말씀드릴 수 있습니다.

공직자의 길에서 시작해, 연구자로 살아가며, 총장으로까지 일할 수 있었습니다.

훈장을 달았을 때도, 연구성과가 빛을 발했을 때도 제 가슴에는 언제나 두 분의 이름이 먼저 떠올랐습니다.

세상이 제게 주었던 신한국인 대통령상, 녹조근정훈장과 청조근정훈장보다, 대한민국 100대 연구성과패의 수상보다 더 큰 상은 바로 두 분의 삶 자체였습니다.

그리고 IMF의 폭풍이 몰아치던 날, 아버지와 어머니의 집이 경매로 넘어갈 위기에 처했을 때, 저는 온 힘을 다해 그 집을 지켰습니다. 그 집은 단순한 건물이 아니었습니다.

아버지의 발자국이 남은 마룻바닥, 어머니의 손길이 스며든 부엌, 우리 가족의 역사가 고스란히 깃든 성소였습니다. 그 집을 다시 품에 안았을 때, 저는 아버지와 어머니를 다시 모시는 듯한 기쁨을 느꼈습니다.

아버지, 어머니,

당신들의 이름을 부르는 순간마다 흙냄새 가득한 들판과 별빛 가득한 하늘이 제 마음을 적십니다. 그 속에서 배웠습니다. 흙은 삶의 무게를, 별빛은 길의 방향을 깨우쳐 주었습니다.

이제 저는 다짐합니다. 부모님께서 지켜주신 이 길 위에서 대한민국 교육이 다시 희망의 사다리가 되도록 온 힘을 다하겠습니다. 교육의 희망 사다리를 반드시 세우겠습니다. 그러기 위해서는 다섯 가지 기둥이 필요합니다.

첫째, 사교육 격차의 해소입니다.

희망의 사다리는 부모의 지갑이 아니라 아이의 꿈으로 오르는 사다리여야 합니다. 사교육이 아니라 공교육이, 아이들의 든든한 사다리가 되어야합니다.

둘째, 고교학점제의 완전한 개선과 과목 선택권의 보장입니다.

아이의 선택이 곧, 미래이기 때문입니다. 누구나 배우고 싶은 과목을 자유롭게 선택할 수 있어야 합니다. 그 선택이 곧 아이들의 내일을 빚어가는 출발점입니다.

셋째, 공정한 학교 제도의 확립입니다.

교육은 무엇보다 공정해야합니다. 스펙이 아니라 실력으로, 부모의 배경이 아니라 개인의 노력으로 오직 노력으로 평가받는 사회, 그 길만이 정의로운 교육의 길입니다.

넷째, 디지털 AI기반 미래교육입니다.

AI시대, 교육은 새로운 도전에 서 있습니다. 디지털 격차없는 공정한 배움, 누구도 뒤처지지 않는 출발선, AI는 소수의 특권이 아니라 모두의 도구가 되어야합니다. 그 길이 곧 미래 교육의 희망사다리입니다.

다섯째, 안전하고 책임있는 교육환경입니다.

안전이 담보될 때, 아이들의 사다리는 무너지지 않습니다. 학교 안전이 곧 아이들의 미래 안전망입니다. 아이들이 안심하고 배우며, 부모가 믿고 맡길 수 있는 학교, 그것이 교육이 지켜야 할 마지막 기둥입니다. 공정한 기회, 자유의 힘 확대, 모두의 번영, 지켜낸 국가의 안전, 이것이 교육이 해야 할 다섯 기둥의 네가지 목표이기도 합니다.

이 다섯 기둥을 굳건히 세워, 대한민국의 교육이 아이들의 희망을 지켜내는 사다리가 되도록 저의 남은 생을 바쳐 걸어가겠습니다.

두 분의 삶은 제게 씨앗이었고 저의 길은 두 분의 발자취었습니다. 흙과 별빛으로 남으신 부모님, 이 길 위에서 늘 제 발검을 비추어 주시길 빕니다.

글을 마치며

"교육의 사명은 모두에게 공정한 기회를 제공하고, 자유의 역량을 함양하며, 공동의 번영을 이루는 한편, 국가의 안전을 굳건히 지켜내는것에 있습니다."

대한민국 교육은 한때 누구에게나 계층이동의 사다리었습니다. 가난해도, 부모의 배경이 없어도, 오직 노력과 배움으로 다 나은 내일을 꿈꿀 수 있었습니다. 그러나 지금 그 사다리는 흔들리고 있습니다. 부모님의 지갑이 아이의 미래를 가르고, 사교육이 공교육을 압도하며, 아이들의 출발선은 점점 더 불평등해지고 있습니다.

저는 교육자이자 과학자로서, 무너저가는 교육의 희망 사다리를 다시 세우겠다는 다짐으로 이 책을 마무리 합니다.

교육은 한 사회가 다음 세대로 전하고 싶은 가치와 철학이 집약된 거울입니다. 교육을 통해 우리는 미래를 설계하고, 다음 세대에게 더 나은 삶의 기회를 보장하며, 공정하고 정의로운 사회를 구현하고 국가의 안전을 지킬 수 있습니다. 기회의 평등이 보장되어야 성과의 차이가 사회적으로 수용 가능합니다. 대한민국의 교육이 바로 선다는것은 곧 대한민국의 미래가 바로선다는 뜻입니다.

평준화 교육은 여전히 유효합니다. 평준화 교육은 평등의 시작점이 되어야 합니다. 교육이 다시 공정해져야 대한민국은 다시 도약할 수 있습니다.

이 책은 단지 교육에 대한 현실의 문제를 지적하는 데 그치지 않았습니다. 대한민국 교육의 대전환을 이루기 위해, 각 부문별로 정책적 방향과 실천 전략을 제안하고자 했습니다. 기회의 평등, 교육의 공공성, 지역과 계층 간 격차 해소, 디지털 전환과 AI 시대의 교육 혁신, 평생 학습체제의 구축, 대학의 질적 변화, 그리고 고교학점제나 대입제도 같은 구체적인 교육제도의 개선까지 폭넓게 다루었습니다.

특히, 이 책에 담아낸 22개의 인터루드(Interlude)는 오늘날 교육이 직면한 핵심 쟁점을 다룬 특별한 성찰의 창이었습니다. 교육이 감동을 잃어버린 현실에 대한 성찰에서부터, 고교학점제 운영의 방향, 인공지능 디지털 교과서(AIDT)의 시대정신, 대입 시험제도 전면 개편의 당위성, 전 국민 평생학습체계 구축 방향, 교육 사다리 복원을 위한 실천적 과제, 4.0 시대에 필요한 인재의 조건 등에 이르기까지 다양하게 엮었습니다.

이제는 시대가 우리에게 '새로운 미래 선택'을 요구하고 있습니다. 우리는 오랫동안 입시 중심 교육의 구조 속에 익숙해져 있었습니다. 그러나 지금 우리 앞에 놓인 과제는, 더 이상 '지식의 양'이 아닌 '삶의 질'을 중심으로 하는 교육으로 전환하는 것입니다. 경쟁이 아닌 공존, 일방적인 주입이 아닌 창의적 탐구, 그리고 누구도 소외되지 않는 배움의 공동체를 만들어야 할 때입니다.

교육은 아이들에게는 희망을, 학부모에게는 신뢰를, 교직원에게는 자긍심을 주는 일입니다. 교육의 질은 교사의 질을 넘어설 수 없다는 말처럼, 교사의 역량 강화와 교육의 신뢰 회복은 미래 교육의 지속 가능성을 담보하는 핵심 열쇠입니다.

이 책을 마무리하며 나는 다시 한번 되묻습니다.
"우리는 지금, 어떤 교육을 선택해야 하는가?"
"우리 사회가 다음 세대에게 물려줄 교육의 유산은 무엇인가?"
그 대답은 분명합니다.

우리 모두가 지금 나서야 합니다. 교육은 특정 직군이나 정책 결정자의 몫이 아니라, 전 국민이 함께 만들어가야 할 공동의 과업입니다. 교육이 공정하고 지속 가능하며, 미래세대의 잠재력을 최대한 발휘할 수 있도록 설계되어야 합니다.

우리가 걸어가야 할 교육의 길은 멀지만, 희망은 분명히 존재합니다. 지금 이 순간 부터, 대한민국 교육의 대전환은 시작될 수 있습니다. 그 변화의 첫걸음은 바로 우리의 인식과 실천입니다.

교육은 누구에게나 기회의 희망 사다리가 되여야 합니다. 교육이 희망 사다리가 되기 위해서는 첫째, 사교육 격차가 해소되어야 합니다. 둘째, 고교학점제를 보완하고 과목 선택권이 보장되어야합니다. 셋째, 출발선이 공정한 학교 제도가 확립되어야 합니다. 스펙이 아니라 실력으로, 부모 배경이 아니라 개인 노력으로 성장이 좌우되어야 합니다. 넷째, 디지털 격차가 없는 모두가 함께 오를 수 있는 AI기반 미래 교육이어야 합니다. 다섯째, 안전하고 책임있는 교육환경 조성이 필요합니다. 안전이 담보될 때 아이들의 사다리는 무너지지 않습니다.

이 다섯기둥은 단순한 약속이 아니라 대한민국의 미래를 지탱할 교육의 근본토대입니다. 누구나 노력하면 꿈을 이룰 수 있는 나라, 교육을 통해 다시 희망이 살아 숨쉬는 대한민국을 만들겠습니다. 내가 주장하는 교육의 사명(Mission)은 네가지입니다. 공정한 기회(Fair Opportunity), 자유(Freedom), 번영(Prosperity), 국가의 안전(National Security)이 그것입니다. 그리고 지금, 교육의 사명을 지키기 위해 우리가 나서야 할 때입니다.

나는 왜 이 책을 왜 써야만 했는가? 그 질문에 대한 대답은 분명합니다. 지금 우리가 행동하지 않는다면, 우리 아이들이 짊어져야 할 짐은 더 무거워질 것이기 때문입니다. 대한민국 교육의 대전환은 더 이상 선택이 아니라, 우리 사회가 함께 책임져야 할 미래입니다. 이 책이 그 출발을 알리는 하나의 작은 횃불이 되기를 소망합니다.

2025년 10월 28일
강촌 응식재(凝息齋)에서
동산(東山) 류 수 노

미래를 여는 열쇠
교육의 대전환

초판 발행 2025년 10월 10일
초판 인쇄 2025년 10월 20일

지은이 | 류수노
펴낸곳 | 도서출판 한아름
펴낸이 | 김천수
디자인 | 박원섭
마케팅 | 나옥주
인 쇄 | 한아름인쇄

등 록 | 제 2005-000122호
주 소 | 서울시 중구 서애로3길 16 2층
전 화 | 02-2268-8188
팩 스 | 02-2268-8088
이메일 | hanpr@naver.com

ⓒ 2025, 류수노
ISBN 979-11-9784542-0